心一堂術

數古籍珍

本叢刊

書名：八字提要

系列：心一堂術數古籍珍本叢刊　星命類　第二輯　136

作者：韋千里　撰

主編、責任編輯：陳劍聰

心一堂術數古籍珍本叢刊編校小組：陳劍聰　素聞　梁松盛　鄒偉才　虛白盧主

出版：心一堂有限公司

通訊地址：香港九龍旺角彌敦道六一〇號荷李活商業中心十八樓〇五一〇六室

深港讀者服務中心‧中國深圳市羅湖區立新路六號羅湖商業大廈負一層〇〇八室

電話號碼：(852)67150840

網址：publish.sunyata.cc

電郵：sunyatabook@gmail.com

網店：http://book.sunyata.cc

淘寶店地址：https://shop210782774.taobao.com

微店地址：https://weidian.com/s/1212826297

臉書：https://www.facebook.com/sunyatabook

讀者論壇：http://bbs.sunyata.cc/

版次：二零一七年八月初版

平裝

國際書號：ISBN 978-988-8317-64-6

定價：港幣　九十八元正
　　　新台幣　三百九十八元正

香港發行：香港聯合書刊物流有限公司

地址：香港新界大埔汀麗路36號中華商務印刷大廈3樓

電話號碼：(852)2150-2100

傳真號碼：(852)2407-3062

電郵：info@suplogistics.com.hk

台灣發行：秀威資訊科技股份有限公司

地址：台灣台北市內湖區瑞光路七十六巷六十五號一樓

電話號碼：+886-2-2796-3638

傳真號碼：+886-2-2796-1377

網絡書店：www.bodbooks.com.tw

台灣國家書店讀者服務中心：

地址：台灣台北市中山區松江路二〇九號一樓

電話號碼：+886-2-2518-0207

傳真號碼：+886-2-2518-0778

網絡書店：http://www.govbooks.com.tw

中國大陸發行　零售：深圳心一堂文化傳播有限公司

深圳地址：深圳市羅湖區立新路六號羅湖商業大廈負一層〇〇八室

電話號碼：(86)0755-82224934

心一堂微店二維碼

心一堂淘寶店二維碼

心一堂術數古籍 珍本 整理 叢刊 總序

術數定義

術數，大概可謂以「推算（推演）、預測人（個人、群體、國家等）、事、物、自然現象、時間、空間方位等規律及氣數，並或通過種種『方術』，從而達致趨吉避凶或某種特定目的」之知識體系和方法。

術數類別

我國術數的內容類別，歷代不盡相同，例如《漢書・藝文志》中載，漢代術數有六類：天文、曆譜、五行、蓍龜、雜占、形法。至清代《四庫全書》，術數類則有：數學、占候、相宅相墓、占卜、命書、相書、陰陽五行、雜技術等，其他如《後漢書・方術部》、《藝文類聚・方術部》、《太平御覽・方術部》等，對於術數的分類，皆有差異。古代多把天文、曆譜、及部分數學均歸入術數類，而民間流行亦視傳統醫學作為術數的一環；此外，有些術數與宗教中的方術亦往往難以分開。現代民間則常將各種術數歸納為五大類別：命、卜、相、醫、山，通稱「五術」。

本叢刊在《四庫全書》的分類基礎上，將術數分為九大類別：占筮、星命、相術、堪輿、選擇、三式、讖諱、理數（陰陽五行）、雜術（其他）。而未收天文、曆譜、算術、宗教方術、醫學。

術數思想與發展——從術到學，乃至合道

我國術數是由上古的占星、卜筮、形法等術發展下來的。其中卜筮之術，是歷經夏商周三代而通過「龜卜、蓍筮」得出卜（筮）辭的一種預測（吉凶成敗）術，之後歸納並結集成書，此即現傳之《易

經。經過春秋戰國至秦漢之際，受到當時諸子百家的影響、儒家的推崇，遂有《易傳》等的出現，原本是卜筮術書的《易經》，被提升及解讀成有包涵「天地之道（理）」之學。因此，《易·繫辭傳》曰：「易與天地準，故能彌綸天地之道。」

漢代以後，易學中的陰陽學說，與五行、九宮、干支、氣運、災變、律曆、卦氣、讖緯、天人感應說等相結合，形成易學中象數系統。而其他原與《易經》本來沒有關係的術數，如占星、形法、選擇，亦漸漸以易理（象數學說）為依歸。《四庫全書·易類小序》云：「術數之興，多在秦漢以後。要其旨，不出乎陰陽五行，生尅制化。實皆《易》之支派，傳以雜說耳。」至此，術數可謂已由「術」發展成「學」。

及至宋代，術數理論與理學中的河圖洛書、太極圖、邵雍先天之學及皇極經世等學說給合，通過術數以演繹理學中「天地中有一太極，萬物中各有一太極」（《朱子語類》）的思想。術數理論不單已發展至十分成熟，而且也從其學理中衍生一些新的方法或理論，如《梅花易數》、《河洛理數》等。

在傳統上，術數功能往往不止於僅作為趨吉避凶的方術，及「能彌綸天地之道」的學問，亦有其「修心養性」的功能，「與道合一」（修道）的內涵。《素問·上古天真論》：「上古之人，其知道者，法於陰陽，和於術數。」數之意義，不單是外在的算數、歷數、氣數，而是與理學中同等的「道」、「理」--心性的功能，北宋理氣家邵雍對此多有發揮：「聖人之心，是亦數也」、「萬化萬事生乎心」、「心為太極」。《觀物外篇》：「先天之學，心法也。……蓋天地萬物之理，盡在其中矣，心一而不分，則能應萬物。」反過來說，宋代的術數理論，受到當時理學、佛道及宋易影響，認為心性本質上是等同天地之太極。天地萬物氣數規律，能通過內觀自心而有所感知，即是內心也已具備有術數的推演及預測、感知能力；相傳是邵雍所創之《梅花易數》，便是在這樣的背景下誕生。

《易·文言傳》已有「積善之家，必有餘慶；積不善之家，必有餘殃」之說，至漢代流行的災變說及讖緯說，我國數千年來都認為天災，異常天象（自然現象），皆與一國或一地的施政者失德有關；下

至家族、個人之盛衰，也都與一族一人之德行修養有關。因此，我國術數中除了吉凶盛衰理數之外，人心的德行修養，也是趨吉避凶的一個關鍵因素。

術數與宗教、修道

在這種思想之下，我國術數不單只是附屬於巫術或宗教行為的方術，又往往是一種宗教的修煉手段——通過術數，以知陰陽，乃至合陰陽（道）。「其知道者，法於陰陽，和於術數。」例如，「奇門遁甲」術中，即分為「術奇門」與「法奇門」兩大類。「法奇門」中有大量道教中符籙、手印、存想、內煉的內容，是道教內丹外法的一種重要外法修煉體系。甚至在雷法一系的修煉上，亦大量應用了術數內容。此外，相術、堪輿術中也有修煉望氣（氣的形狀、顏色）的方法；堪輿家除了選擇陰陽宅之吉凶外，也有道教中選擇適合修道環境（法、財、侶、地中的地）的方法，以至通過堪輿術觀察天地山川陰陽之氣，亦成為領悟陰陽金丹大道的一途。

易學體系以外的術數與的少數民族的術數

我國術數中，也有不用或不全用易理作為其理論依據的，如揚雄的《太玄》、司馬光的《潛虛》。

也有一些占卜法、雜術不屬於《易經》系統，不過對後世影響較少而已。

外來宗教及少數民族中也有不少雖受漢文化影響（如陰陽、五行、二十八宿等學說。）但仍自成系統的術數，如古代的西夏、突厥、吐魯番等占卜及星占術，藏族中有多種藏傳佛教占卜術、苯教占卜術、推命術、相術等；北方少數民族有薩滿教占卜術；不少少數民族如水族、白族、布朗族、佤族、彝族、苗族等，皆有占雞（卦）草卜、雞蛋卜等術，納西族的占星術、占卜術，彝族畢摩的推命術、占卜術……等等，都是屬於《易經》體系以外的術數。相對上，外國傳入的術數以及其理論，對我國術數影響更大。

曆法、推步術與外來術數的影響

我國的術數與曆法的關係非常緊密。早期的術數中，很多是利用星宿或星宿組合的位置（如某星在某州或某宮某度）付予某種吉凶意義，并據之以推演，例如歲星（木星）、月將（某月太陽所躔之宮次）等。不過，由於不同的古代曆法推步的誤差及歲差的問題，若干年後，其術數所用之星辰的位置，已與真實星辰的位置不一樣了；此如歲星（木星），早期的曆法及術數以十二年為一周期（以應地支），與木星真實周期十一點八六年，每幾十年便錯一宮。後來術家又設一「太歲」的假想星體來解決，是歲星運行的相反，週期亦剛好是十二年。而術數中的神煞，很多即是根據太歲的位置而定。又如六壬術中的「月將」，原是立春節氣後太陽躔娵訾之次而稱作「登明亥將」，至宋代，因歲差的關係，要到雨水節氣後太陽才躔娵訾之次，當時沈括提出了修正，但明清時六壬術中「月將」仍然沿用宋代沈括修正的起法沒有再修正。

由於以真實星象周期的推步術是非常繁複，而且古代星象推步術本身亦有不少誤差，大多數術數除依曆書保留了太陽（節氣）、太陰（月相）的簡單宮次計算外，漸漸形成根據干支、日月等的各自起例，以起出其他具有不同含義的眾多假想星象及神煞系統。唐宋以後，我國絕大部分術數都主要沿用這一系統，也出現了不少完全脫離真實星象的術數，如《子平術》、《紫微斗數》、《鐵版神數》等。後來就連一些利用真實星辰位置的術數，如《七政四餘術》及選擇法中的《天星選擇》，也已與假想星象及神煞混合而使用了。

隨着古代外國曆（推步）、術數的傳入，如唐代傳入的印度曆法及術數，元代傳入的回回曆等，其中我國占星術便吸收了印度占星術中羅睺星、計都星等而形成四餘星，又通過阿拉伯占星術而吸收了其中來自希臘、巴比倫占星術的黃道十二宮、四大（四元素）學說（地、水、火、風），並與我國傳統的二十八宿、五行說、神煞系統並存而形成《七政四餘術》。此外，一些術數中的北斗星名，不用我國傳統的星名：天樞、天璇、天璣、天權、玉衡、開陽、搖光，而是使用來自印度梵文所譯的：貪狼、巨

門、祿存、文曲、廉貞、武曲、破軍等，此明顯是受到唐代從印度傳入的曆法及占星術所影響。如星命術中的《紫微斗數》及堪輿術中的《撼龍經》等文獻中，其星皆用印度譯名。及至清初《時憲曆》，置閏之法則改用西法「定氣」。清代以後的術數，又作過不少的調整。

此外，我國相術中的面相術、手相術，唐宋之際受印度相術影響頗大，至民國初年，又通過翻譯歐西、日本的相術書籍而大量吸收歐西相術的內容，形成了現代我國坊間流行的新式相術。

陰陽學——術數在古代、官方管理及外國的影響

術數在古代社會中一直扮演着一個非常重要的角色，影響層面不單只是某一階層、某一職業、某一年齡的人，而是上自帝王，下至普通百姓，從出生到死亡，不論是生活上的小事如洗髮、出行等，大事如建房、入伙、出兵等，從個人、家族以至國家，從天文、氣象、地理到人事、軍事，從民俗、學術到宗教，都離不開術數的應用。我國最晚在唐代開始，已把以上術數之學，稱作陰陽（學），行術數者稱陰陽人。（敦煌文書、斯四三二七唐《師師漫語話》：「以下說陰陽人謾語話」，此說法後來傳入日本，今日本人稱行術數者為「陰陽師」）。一直到了清末，欽天監中負責陰陽術數的官員中，以及民間術數之士，仍名陰陽生。

古代政府的中欽天監（司天監），除了負責天文、曆法、輿地之外，亦精通其他如星占、選擇、堪輿等術數，除在皇室人員及朝庭中應用外，也定期頒行日書、修定術數，使民間對於天文、日曆用事吉凶及使用其他術數時，有所依從。

我國古代政府對官方及民間陰陽學及陰陽官員，從其內容、人員的選拔、培訓、認證、考核、律法監管等，都有制度。至明清兩代，其制度更為完善、嚴格。

宋代官學之中，課程中已有陰陽學及其考試的內容。（宋徽宗崇寧三年〔一一零四年〕崇寧算學令：「諸學生習……並曆算、三式、天文書。」「諸試……三式即射覆及預占三日陰陽風雨。天文即預

定一月或一季分野災祥,並以依經備草合問為通。」

金代司天臺,從民間「草澤人」(即民間習術數人士)考試選拔:「其試之制,以《宣明曆》試推步,及《婚書》、《地理新書》試合婚、安葬,並《易》筮法、六壬課、三命、五星之術。」(《金史》卷五十一·志第三十二·選舉一)

元代為進一步加強官方陰陽學對民間的影響、管理、控制及培育,除沿襲宋代、金代在司天監掌管陰陽學及中央的官學陰陽學課程之外,更在地方上增設陰陽學教授員,培育及管轄地方陰陽人。(《元史·選舉志一》:「世祖至元二十八年夏六月始置諸路陰陽學。」)地方上也設陰陽學教授員,於路、府、州設教授員,凡陰陽人皆管轄之,而上屬於太史焉。」)自此,民間的陰陽術士(陰陽人),被納入官方的管轄之下。

至明清兩代,陰陽學制度更為完善。中央欽天監掌管陰陽學,明代地方縣設陰陽學正術,各州設陰陽學典術,各縣設陰陽學訓術。陰陽人從地方陰陽學肄業或被選拔出來後,再送到欽天監考試。(《大明會典》卷二二三:「凡天下府州縣舉到陰陽人堪任正術等官者,俱從吏部送(欽天監),考中,送回選用;不中者發回原籍為民,原保官吏治罪。」)清代大致沿用明制,凡陰陽術人員,悉歸中央欽天監及地方陰陽官員管理、培訓、認證。至今尚有「紹興府陰陽印」、「東光縣陰陽學記」等明代銅印,及某某縣某某之清代陰陽執照等傳世。

清代欽天監漏刻科對官員要求甚為嚴格。《大清會典》「國子監」規定:「凡算學之教,設肄業生。滿洲十有二人,蒙古、漢軍各六人,於各旗官學內考取。漢十有二人,於舉人、貢監生童內考取。」學生在官學肄業、貢監生肄業或考得舉人引見以欽天監博士用,貢監生童以天文生補用。」學生在官學肄業、貢監生肄業或考得舉人後,經過了五年對天文、算法、陰陽學的學習,其中精通陰陽術數者,會送往漏刻科。而在欽天監供職的官員,《大清會典則例》「欽天監」規定:「本監官生三年考核一次,術業精通者,保題升用。不及者,停其升轉,再加學習。如能黽

六

勉供職，即予開復。仍不及者，降職一等，再令學習三年，能習熟者，准予開復，仍不能者，黜退。」

除定期考核以定其升用降職外，《大清律例》中對陰陽術士不準確的推斷（妄言禍福）是要治罪的。

《大清律例‧一七八‧術七‧妄言禍福》：「凡陰陽術士，不許於大小文武官員之家妄言禍福，違者杖一百。其依經推算星命卜課，不在禁限。」大小文武官員延請的陰陽術士，自然是以欽天監漏刻科官員或地方陰陽官員為主。

官方陰陽學制度也影響鄰國如朝鮮、日本、越南等地，一直到了民國時期，鄰國仍然沿用着我國的多種術數。而我國的漢族術數，在古代甚至影響遍及西夏、突厥、吐蕃、阿拉伯、印度、東南亞諸國。

術數研究

術數在我國古代社會雖然影響深遠，「是傳統中國理念中的一門科學，從傳統的陰陽、五行、九宮、八卦、河圖、洛書等觀念作大自然的研究。……傳統中國的天文學、數學、煉丹術等，要到上世紀中葉始受世界學者肯定。可是，術數還未受到應得的注意。術數在傳統中國科技史、思想史，文化史、社會史，甚至軍事史都有一定的影響。……更進一步了解術數，我們將更能了解中國歷史的全貌。」（何丙郁《術數、天文與醫學中國科技史的新視野》，香港城市大學中國文化中心。）

可是術數至今一直不受正統學界所重視，加上術家藏秘自珍，又揚言天機不可洩漏，「（術數）乃吾國科學與哲學融貫而成一種學說，數千年來傳衍嬗變，或隱或現，全賴一二有心人為之繼續維繫，賴以不絕，其中確有學術上研究之價值，非徒癡人說夢，荒誕之謂也。其所以至今不能在科學中成立一種地位者，實有數因。蓋古代士大夫階級目醫卜星相為九流之學，多恥道之；而發明諸大師又故為惝恍迷離之辭，以待後人探索；間有一二賢者有所發明，亦秘莫如深，既恐洩天地之秘，復恐譏為旁門左道，始終不肯公開研究，成立一有系統說明之書籍，貽之後世。故居今日而欲研究此種學術，實一極困難之事。」（民國徐樂吾《子平真詮評註》，方重審序）

心一堂術數古籍珍本叢刊

現存的術數古籍，除極少數是唐、宋、元的版本外，絕大多數是明、清兩代的版本。其內容也主要是明、清兩代流行的術數，唐宋或以前的術數及其書籍，大部分均已失傳，只能從史料記載、出土文獻、敦煌遺書中稍窺一鱗半爪。

術數版本

坊間術數古籍版本，大多是晚清書坊之翻刻本及民國書賈之重排本，其中豕亥魚魯，或任意增刪，往往文意全非，以至不能卒讀。現今不論是術數愛好者，還是民俗、史學、社會、文化、版本等學術研究者，要想得一常見術數書籍的善本、原版，已經非常困難，更遑論如稿本、鈔本、孤本等珍稀版本。

在文獻不足及缺乏善本的情況下，要想對術數的源流、理法、及其影響，作全面深入的研究，幾不可能。

有見及此，本叢刊編校小組經多年努力及多方協助，在海內外搜羅了二十世紀六十年代以前漢文為主的術數類善本、珍本、鈔本、孤本、稿本、批校本等數百種，精選出其中最佳版本，分別輯入兩個系列：

一、心一堂術數古籍珍本叢刊
二、心一堂術數古籍整理叢刊

前者以最新數碼（數位）技術清理、修復珍本原本的版面，更正明顯的錯訛，部分善本更以原色彩色精印，務求更勝原本。并以每百多種珍本、一百二十冊為一輯，分輯出版，以饗讀者。

後者延請、稿約有關專家、學者，以善本、珍本等作底本，參以其他版本，古籍進行審定、校勘、注釋，務求打造一最善版本，方便現代人閱讀、理解、研究等之用。

限於編校小組的水平，版本選擇及考證、文字修正、提要內容等方面，恐有疏漏及舛誤之處，懇請方家不吝指正。

心一堂術數古籍 珍本 叢刊編校小組

二零零九年七月序

二零一四年九月第三次修訂

八 字 提 要

序

晚近研究命學者，日益衆多，良以我國數千年來之玄妙哲理，代有闡揚，際茲亂世，升沉榮枯，瞬息萬變，尤足以使人感覺冥冥中若有命運主宰，故雖鍍金之留學諸君，及腦筋嶄新者，初不置信，繼乃深信而研究不遺餘力，然大都祇理論滔滔，如若飽學，但偶評一八字，輒有不知從何着手之苦，此蓋缺乏實地經驗故耳，夫億萬命造，豈能一一列論，竊以八字云者，年月日時干支，共得八字也，日干爲主體，月支爲提綱，時辰爲歸宿，看命先看此四字，此而知其輕重宜忌，則於整個命造，巳思過半矣，爰寫茲「八字提要」，臚舉一千四百四十條，附抒管見，自不足爲圭範，或可供學者，以資參考，而爲評命之出發點，進而敎之，固有待乎高明焉。

民國三十五年歲次丙戌立夏前五日　韋千里謹識於海上

韋千里

著書

學命捷徑 命學講義	實售三十元
命鈔語錄 命理約言	實售三十元
批命圭臬 八字提要	實售四十元
占課必讀 占卜講義	實售三十元
感鑑禪機 相法講義	實售三十元
命理綜綱 千里命鈔	實售五十元

卜書

外埠函件 占卜 談命	五十元
電話 問譯命傳	三千元
址 上海南京路大慶里三二十四號	下午三時至六時
九三四〇	
星期六不答復	酌費另加

八字提要目次

八 字 提 要 目 次

一

五

八字提要 目次

二

八字提要 目次

四

八字提要

甲日寅月

章千里編著

（甲子時）甲木得祿于寅月又有時上甲比于印之生扶強旺可知惟初春餘寒猶威木甫萌芽得火以暖之則繁榮木旺見金自可貴梓中有土斯有財。

（乙丑時）甲生寅月時落乙丑建祿而加以刧財身旺無疑自尊丑土之財爲養命之源然無火之生土暖木則少生機大木逢金乃成棟樑見微水可以養木獨己木多蓋比刧猖狂矣

（丙寅時）月時皆寅甲木兩得其祿妙乎丙火透出聲氣發越寒氣盡除喜金斷伐尤宜土之轉輾泄秀得顯精神。

（丁卯時）甲生寅月卯時得祿喜丁火之洩秀但力微弱端賴他火相溥木太旺微金反激不如多金可以砍伐成材木再多則拜旺于衰丁財能矣無水最佳肯水破火更有土救

（戊辰時）寅月甲日生戊辰時身財兩美之造費有火之溝通則太火土生生不息矣水氣太多偏重于身而輕于財當是佳象見金所以肅財自屬可喜最忌水來傷丁不爲當頭棒喝

（己巳時）甲生寅月時落己巳本火土打成一片三門同旺而重心金在於巳火得以聚氣流通再多火土何殊花添錦上加之以全相得而益彰矣

（庚午時）甲生寅月爲當令之木誕庚午時庚金尅木午火泄木所謂制化之功全矣見七財見水印皆無不可惟水不宜太或威則濕木而助寒木若多庚金受抗而折乃身重殺輕爲患

（辛未時）寅月甲日見辛之官未之財小名小利之造蓋財官皆輕於日主要多見土金則發矣未土得見刑冲則
尤妙微水養木不妨火能暖木驅寒皆宜

（壬申時）甲日寅月逢壬頗多水意而木之滋長更繁貴乎火以温喧土以壅培金太多則患
助水殺為印化而無咸木太多則愁比刧猖狂財被奪而身窮

（癸酉時）寅月甲木秉時令之旺得時上癸水之涵養酉金之翦裁固無所謂不利但水不可再咸咸則木泛矣金
不宜過多因咸木不勝其重尅總喜火土之暖培耳

（甲戌時）甲生寅月逢甲戌中皆藏火土輔以干頭比肩身似較重於財星故喜多見火土使身財兩停多
金癸蓋盖身受尅財被泄矣凡水凡木更皆不宜再多

（乙亥時）甲木得祿於亥時提得長生於亥時乙再輔甲顯而易見為身強之造無論金尅火泄土培皆宜所謂強則
喜抑當可再逢水木輔身所謂強則忌扶也

甲日卯月

（甲子時）甲日卯月陽刃之位時干透甲助身益旺一點子水值時潤木有功宜有火土以暖培則木性自然舒暢

（乙丑時）甲見卯為刃乙見卯為祿蒂固根深時支丑財以時干乙木月提卯木上下交制被耗殆盡喜有火以生

（丙寅時）甲木見刃於卯得祿於寅身主強旺丙火高透時干藉以洩木之秀惟春木陽氣燥渴還宜水之滋潤見
金乃棟樑材成土金皆缺病重藥輕矣

（丁卯時）月時兩卯尊刃並見時干透丁火明木秀命書載刃旺最喜見殺殺者金也有土生金格尤上乘否則一

派甲乙或氣聚東方當以從旺格或曲直格論命、

(戊辰時) 甲遇卯而身旺戊坐辰而財足喜火之食傷介於木土之間藉以轉刃生財水印爲春木喜用之神金殺又爲制木所必要但用水喜見金發水源用金則不宜多水以泄官殺。

(己巳時) 己土合甲財來就我之謂惟柱中木火太熾燥渴有加喜見壬癸以調和則生機蓬勃巳中有丙戊可作食神生財取用若丙戊透干益見清純矣。

(庚午時) 甲生卯月乘權秉令刃旺原喜七殺相制無如時上庚金臨於午地火乘木旺而制金以是虛露失垣之庚不能制裁旺盛之木故須支有土財泄火生金金遂爲我所用。

(辛未時) 日元甲木坐庫於時支卯未半會氣勢充沛辛透無力最喜土金協助否則柱中疊疊逢木大宜火之泄秀所謂制之不如化之也。

(壬申時) 時逢壬申金水同窠相應惟仲春之木最喜雨露之癸水相滋壬水屬陽有失灌溉之力反泄七殺之氣。故喜有土得地制水挾金有土而又有火則更妙矣。

(癸酉時) 卯木陽刃辛時支酉金相冲辛有時干一癸相生木氣轉弱爲旺再有帶水之木或火土並見而與癸無犯者富顯無疑。

(甲戌時) 日元甲木遇春發榮月提有卯木之刃時干有甲比之助旺盛可知時支戌土見月提之卯成爲六合雖無合土之象要亦丙合而失財之大用貴乎水以潤之火以煊之金以裁之。

(乙亥時) 二月甲木位居刃地時支亥水位臨長生亥中藏壬可以潤木之燥天干甲乙並立地支亥卯得垣獨喜金來制木精成棟樑之用兼有一二點土以生之益覺有情。

甲日辰月

八字提要　甲日辰月

（甲子時）甲木生於三月氣勢漸蓑火氣漸進値茲春深木老喜有金以削伐忌見火旺損金所謂斧斤以時入山林材木不可勝用也壬癸之水亦喜得以潤木之燥也子辰三會時化為印時干一甲助身為旺庚辛誠為必要之神無論透干藏支均宜見之土少可以培木土旺又防折木

（乙丑時）三月甲木得辰中藏乙暗助時乙又透干日元弱而不弱辰丑兩財坐庫財藏露又中藏癸水木。潤惟干木支土劫比有爭財之象最喜金粉透干自可全其木土之性

（丙寅時）三月甲木退氣幸時根逢祿亦可轉弱為強丙火食神透自寅宮火旺泄木菁英將維三月火氣將進。非為甲木所需要故太旺有損金之嫌見金而遇火制者則尤喜水以去火之病否則名為鈍斧無鋼

（丁卯時）季春甲木轉為衰時干一卯坐刃日元氣轉生時干丁火有泄木火之氣勢木火土輾轉相生而無阻節金之官殺水之印綬柱中不可或少有金見土格成財滋弱殺有水見金格取官印相生

（戊辰時）甲木兩見辰土餘氣兼有辰中土尚多過於木財略重身輕仍喜用木以夫財之病乃一神一用之妙法有金洩木旺者以金洩木自以金洩旺土之氣為最可取

（己巳時）甲生三月木氣巳老用神不離庚壬用庚金使其調濟斯旺土者使其調濟斯旺土之燥也時逢己巳火土同照財有食神之生名為財星有根但日元衰弱不能任斯食神喜水印制火生扶甲木調濟於平安

（庚午時）三月甲木退氣本身不見比劫之助當以身弱論之時干庚殺臨於午火之上似乎金被火制庚金無能為力喜其月提辰土足以泄火轉來生扶庚金是午火有辰土之泄雖旺不旺庚金有上財之生雖弱不弱不過日元僅特辰中乙癸相助根氣太淺要有甲寅乙卯等字分居干支或有一二點水以助之則五行歸中和矣

（辛未時）甲木餘氣於辰坐庫根氣於未辰未難皆為財木因辰未而得根時干辛金有謂土卽生不知時支之未中藏木火不但不能生金卯且有爍金之患是土之生金必以辰丑為藏地辛金伐木之力極微有時雖可借用究

四

不遠用庚金之爲美也。

甲日巳月

（壬申時）　時值暮春甲木氣褪骑。時支申金與辰拱。而時干又透壬水水勢不免太旺蓋水能生木水多亦能漂木辰申所藏之水以其性濕不能制水之流惟喜戊土透干方可引以爲用此即印旺而用財破印也。

（癸酉時）　日元甲木僅恃辰中一點乙木刦財時逢癸酉官泄於印轉以生身惟酉金有辰土之生官屬轉旺而清。總以日元欠旺不能任此財官故喜有木比相助方能金其大用。

（甲戌時）　三月甲木其性至弱非有水木印之生不能鞏固其根月時辰戌一冲土財之勢益旺天干兩甲自難任此旺財辛月提辰土暗藏癸乙身雖弱而尚不至於太衰也身財最專兩專木來助身合此惟喜水印生扶

（乙亥時）　甲生辰提木氣退縮日元坐亥時逢長生干透乙木刦又幫身亥中所藏壬甲又得生扶木神水木打成一片不旺自旺要有金氣得地制之爲良所謂盡見木旺必賴金以斷削方成棟樑刦印再多總非宜矣。

甲日巳月

（甲子時）　四月甲木火旺爲病藥燥根枯生機窒礙喜有水之潤澤金來發源蓋木氣盡泄於火巳中庚殺戊財又來尅制時干甲木雖可尅身以虛鑠不實無能爲力所喜時支一點子水足以潤木之根惟四月水臨絕地須有多金助長水勢格局始可轉清火土兩神總以少見爲妙

（乙丑時）　甲木日元誕於四月火旺木泄氣散再離時干乙木刦財窘而虛浮妙得時下一丑丑爲濕土可以稍戢旺火之氣翊丑中辛癸同宮木賴有滋潤漂亮再水透干頭復有一二點金以生之遂歸中和矣。

（丙寅時）　四月甲木以金水爲不離之眞神而獨以天丁爲忌神月提巳火時坐寅祿時干一丙高透又逢生之木火之勢旺矣身旺本喜泄秀特夏令甲木反以火泄爲非宜必須有得地歸垣之水以潛之庚辛之金以生之

始可免於枯燥。

（丁卯時）太至四月位臨衰地火旺木渴枝葉枯憔時支卯木為刃時干丁火為傷大有火旺木焚之概欲去旺火之病療木之燥非水而何然則水印淘去病之藥抑亦旋乾轉坤之神再見金以助之者益見清潤可喜添花錦上矣。

（戊辰時）甲木日元誕於巳月火旺之候陽氣漸壯木不華秀時支辰土乃為木之餘氣喜其中藏一點癸水。籍以潤木之燥而戊土透於時干轉成財旺印輕土重自然水塞兼之巳火又來生土則土愈旺而身愈弱矣然則水印木比竇為當務之急舍此莫屬也。

（己巳時）四月薰風巳至甲木之氣轉衰月時兩巳火勢炎熾火炎則木氣更弱巳中兩庚雖有兩戊之生不致被火所鑠然亦患乎元神洩漏端之甲木非見重水不為功

（庚午時）甲日巳月樗木氣洩漏時際於午益添火焰庚金七殺雖坐於巳火旺則金其被鎔礱云木行南離名為欲救之又火全交戰祇要有幫水之土以構通之再有水木相助五行有情而不悖矣

（辛未時）甲木日元坐庫於時支之未孟夏火勢極旺兼之燥土不能培木之根時干辛金更無濕土以生之壬癸之水又以滋之水之生機殆盡如再買兒火土三神成象即順局中之從兒格是也柱有壬癸之水又當棄從見而以印綬為

（壬申時）甲木臨於巳位病坐申地金水義結同心甲木弱於何有水印不能再來太過反成母旺子虛之象矣食化殺壬水坐於申地金水氣結同心甲木弱於申中殊不知申中所藏壬水印綬可以制

（癸酉時）四月甲木人恆以火旺木衰為病然此造火病轉為不病蓋柱中巳酉會金食化為官時干癸水全賴金之象以藥旺以此得氣之水印自可助我惟水印既有巳酉之相助無須重見重見而又無戊己之財反成母慈滅子之象

（甲戌時）甲木被洩於壬時支戌財。土燥不能培木之根。時干甲木比肩不載於地。身財之氣未能融洽雖巳戌有刑坐之意究屬枯燥。故須有壬發之水調和庚辛之金以發水始克有濟所以夏令之木金水寶調候之眞神須灾不可或離也。

（乙亥時）甲木長生於亥水助木比而轉旺時干乙木坐亥濕潤而得生方以亥巳互激氣勢有損滴天髓云生方怕動良非虛語惟巳亥雖冲乃水來制火非火來制水也去火之病適足以益我日元所喜有金相助全其水之精神自然流長源遠矣。

甲日午月

（甲子時）甲木比肩幫身加以一點子水。原可收濕潤燥木之功。惟子午一冲水火兩敗俱傷。自應加強水勢得見庚辛相助塔取殺印相生如火土盛見制去金水偏枯之象也。

（乙丑時）甲木日元有乙初幫身時支坐下丑土暗藏辛癸得以潤斯燥木且丑爲濕土亦可以收旺火之氣若金水未透于頭方醫的出微弱如巳己藏出格局濁而不清矣。

（丙寅時）甲誕五月木之精神盡泄日元雖坐祿於寅似乎木氣有根不知寅午一會比化爲傷而丙火又透於時干增火之燄總神可謂深重矣然則去病之法惟有藉辰丑濕土以泄之壬癸以制止有病得藥格自佳矣。

（丁卯時）日元甲木爲刃透丁洩秀木火通明之象四柱須有一二點財透干得地絕官印之神格成木火從兒若一甲水卯轉成本火傷官調印既用印不喜見財見乃之格劣。

（戊辰時）甲誕五月身臨病地時逢戊辰財旺於身幸而辰中乙癸相生略以補助日元之不足所喜木來比助水來資身則成身財兩停之命矣。

（己巳時）己土合甲巳午火旺木因火世而愈旺支有辰丑帶水之土以泄之方能保全木之生

機更見金水同來彌覺可喜否則任其充陽肆逞甲木安得不虛焦乎。

（庚午時）日元甲木支臨兩午火勢熊熊不可遏邇身弱傷旺獨喜水來潤澤金發其源金水兩全則旺火之氣自熄若再見甲乙巳午等字格局陷於偏枯矣

（辛未時）日元甲木得庫於未未中乙木以有丁火而被泄雖日木坐庫地而助木之力極微況午未六合氣又轉變時辛爲旺火所燗金其脆矣際茲火旺木泄之情勢下總不外乎身水爲需要

（壬申時）五月甲木位居死地身主之弱較之他月尤甚若無印比之助時逢壬申金得祿而水遂生大有水火既濟之象乃忌戊巳雜出濁水而成大病如金水疊見熄滅午火刺激太過亦非中庸之道也

（癸酉時）甲日午提火旺木凋時支酉金被午制去因是時干癸水轉成孤虛夏木以水爲眞神故最喜金水得地逢生否則無源之水易於乾涸是庚申等字尤宜先見也

（甲戌時）甲比幫身午會木虛火旺見象自明木虛喜有却印以助之火旺喜見濕土以收之命書云太過宜剋剋削不及喜生扶亦堪以此例言之故金水二神之所以爲喜蓋取其生扶與潤澤之意也

（乙亥時）甲木坐亥爲長生壬水見亥爲祿位身印兩旺木潤不枯月提午火切忌透干燥木雖有亥中壬水之印以制火焉知水旺亦可以制水此係反剋原理十在頁火卷列之時絕對不宜多見

甲日未月

（甲子時）甲寬於未洩比幫身子印藏支木性自然不枯六月火斷退氣非似五月甲木之必欲見水若木旺而又金滲斷軼之寒金竟而有火制造取食神制殺水如太多三伏生寒矣

（乙丑時）甲木坐貴於丑未土因明冲酉益旺時乙盤根於未祇可言日元不弱非可以言旺也如透一水印自可任此當令之財否則天干甲乙地支丑未總有爭財之嫌苟有一火從中構通其氣則以三神成象論矣

（丙寅時）日元得祿於時支之寅干頭丙火得生木火之勢皆旺時屆夏末金水進氣火熱消沉非若仲夏甲木乃必欲水來調候也但亦不可無一二點水略以潤木水而多透須防梟食交戰

（丁卯時）卯未拱木日元得困根深一丁透出病在太燥須有一二點水以潤之格局始臻中和身旺透火最喜十財再見比刼或有庚辛泄財之氣用財不真矣

（戊辰時）日元得庫於辰可謂通根得地矣然則如何使其身財兩停惟喜木比以助之水以生之自然身財得均不偏不倚矣

（己巳時）日元甲木提得庫時干己財令甲己甲有貪合之情名為財來就我己火為食神之地木因火泄而愈弱火有木生而愈旺但甲己合已未拱火頗有化土之象再透火土作化格論忌有甲木通元則破格矣

（庚午時）甲木誕於六月慕庫之地月未時午成六合財隨傷意時干獨殺高透尅交加日元益見屏弱非支有寅亥等字不能驅弱為如見水印制殺化殺有財卻以助身則得之矣

（辛未時）甲木見未土財屍未又為日元甲木之本庫未中暗藏兩乙足以助身之旺但未中丁火泄木故滋不如坐下寅亥之為氣壯也甲以庚為良友時辛有水印相滋申酉助官大忌逢戌

（壬申時）甲木申坐於絕地壬印透絕處逢生出時水已進氣微無須再見金助金來則水勢益旺反寒木性

（癸酉時）日元甲木臨未為庫時逢癸酉金水同心大暑前火氣猶存宜以潤木為先大暑後水已進氣後水生木雖同是一水而喜忌迥異總之六月甲木身弱喜多見木助亡不宜多見水印溼如本身已得中和之氣尤喜庚金制木為良

（戊戌時）天干兩甲地支兩土日元虛露財星得根比財有爭奪之象時屆季夏土正當旺獨喜木氣得根方能任旺財如有一二點水旣濟之尤佳不過財比相尅之局勿論身之強弱首宜火來通關也

（乙亥時）甲木得厚於未，長生於亥亥未拱木兼有壬印之生時刦之助日元之旺不言而喻喜金之官殺得地透干身旺用殺最為相宜用殺則忌水泄火制苟有少許土來助殺益見可貴矣

八　字　提　要　甲日申月

甲日申月

（甲子時）甲木生於七月絕地也月提申金與時支子水會成半水之局木得水生自然身旺惟值金氣兼令之後生水之力極大水可生木亦防寒木故最喜庚丁兩透格取傷官駕殺

（乙丑時）甲日申提日元絕處逢生時支丑土財星得貴乙刦在干木亦得助需要庚金高透用殺無疑金重又防損木則喜火來制之也

（丙寅時）丙寅申堤木之氣勢臨絕時支寅木臨官似可助身為旺乃以寅申互冲木根盡拔而壬印又被寅中戊土所制比印兩傷木氣衰矣時干一丙又來泄木菁英敗之之法惟先堅強木之陣容然後用金用土財官皆鳳於我矣

（丁卯時）甲日申提時卯坐刃其身不旺而旺時透丁火木助火旺有演秋木之氣所喜木比相助庚金透干使其身殺兩停自然相輔有情

（戊辰時）戊辰財星得地生助月提申金格成財滋七殺殺旺必須火來相制方可假殺為權機構雖佳惟本气太弱須有印比相助格局始臻完備

（己巳時）時支巳落文昌干頭己財就我火土金相輔有情惟日元僅賴申中一點壬印相生木之氣勢究欠充沛須有木比生助雖日秋木以殺為生秋木得金而造然過於金重木輕亦非所宜也

（庚午時）申中壬水印綬可助日元甲木木賴水生氣轉生旺時干庚金透自月提殺旺概可想見妙有時支午火制殺格局盡善殺美此造宜心在於丁火獨忌水來困午設或遇之首須達其去病之神

一〇

一八

（辛未時）甲木得庫於未兼有申中壬水印之相生時干辛金有時支未財之生也此即時上一位貴也。

四柱見庚則殺官相混用丙丁之火去一留一未始非激濁揚清之妙法如殺從官勢者不以此論。

（壬申時）時干壬水坐下兩申長生金氣盡洩於水水印太旺木浮而寒喜有土財去印如柱中土付闕如或土雖

有而虛露無根不能破此旺印則當順其水木之性謂金水木三神成象反以財官為忌也。

（癸酉時）金水三見其重心在水而不在金甲木得水相生日元自旺惟時屆秋令水多木寒有損木之精神故火

之食傷柱中最為寶要兼有土財以制去旺水氣象自歸中和矣。

（甲戌時）時干比肩虛露時支坐財日元甲木衛持申中壬水相生氣勢不甚朗健此旺財惟時戌有生申

之意祇要丙丁見庚辛申酉等字自應以用印化殺為眞間有土來制去申中水則成當令之從殺格。

（乙亥時）甲日而時支亥水長生並有申亥中所藏兩壬相生時干又有乙刦之助日元旺相可知本身既旺自可

任用金殺土財尤須財先去印金可孔立無傷否則殺戀於印反增寒水之勢金殺失眞矣是柱中之土誠去印

衛殺之一絕大關鍵也。

甲日酉月

（甲子時）甲誕酉月居於胎位金氣秉令則木勢愈弱喜其月提酉金轉生時支子水水由金生木賴水生日元轉

弱為旺惟仲秋氣候漸寒喜有丙丁之火以暖木方有蓬勃氣象。

（乙丑時）日干甲木時于乙刦幫身時丑財居畠酉丑半會財化為官不無木衰金剛之象須地支見有寅亥先

同本根再同一二點火以溫之格局自臻上乘矣。

（丙寅時）甲誕酉提金肝木衰時落於寅弱轉篤旺一丙高透時干秋木藉以陽和喜其火金各立門戶不相妨礙

應以月堤酉金官星為貴心一可寅申另列于支常取傷官制殺

（丁卯時）甲日見卯為刃出。酉卯相冲。名為陽刃出鞘。因之甲木勢成孤立。補救之法。喜卻比之助。水印之生。方可弱轉為強。如比印兩絕。勢來七金。可作從殺格論。

（戊辰時）甲木坐時支辰土。綜氣本身微弱。月提酉金遇辰而合。財隨官意。加以戊財透時。金賴土生而益旺八字宜清。白雖可棄。惟日元調弱又為可畏。然則想救出勢。以比印為尚焉。

（己巳時）甲坐酉提。人盡知其為太凋零。巳酉會金食隨官意。時干己土。金再得助。土金結黨。秋木不勝其尅矣。急須比印同來。儻覺加強已身。然後再見火來制金。格局入於中和。

（庚午時）八月金氣正旺。木最衰弱而時干庚殺透露。滋根於酉。妙得時支午火制金。遂成秋木火金之大用。惟以日元甲木休囚。來奪就洩交加。理宜再見亥寅以充實之。

（辛未時）甲木坐庫於未。辛金得祿於酉。身金水尅。結同心。毋旺子衰之象。秋月寒氣漸增。須有火以暖木。土以制水。

（壬申時）甲臨酉提。木藏金旺。時透壬申。驥云秋水通源。可以生助衰木。不知申酉皆金生水。力強轉使日元甲木頓呈虛濕之象。須有火以暖之。木之生機始暢暢。

（癸酉時）甲木則坐金地。時干一癸生身。金水尅結同心。母旺子衰。秋月寒氣漸增。須有火以暖木。土以制水。在另一方面尤喜甲乙寅卯以助身。然後氣勢純和而不悖。

（甲戌時）甲比祿身。戌遇酉而戌西方之氣。兼水減支潤木則生。見火透干煊。木則暖。此八月甲木不可或缺之神也。如天干再遇庚金。地支再來申酉。而水印又被土制作從殺論。

（乙亥時）未至秋令其性已凋。時干乙劫。驚身。亥又坐下長生。雖日秋木休囚。無氣黨多亦可為旺。如干支再見卯未等字。惟喜金以制。說之金弱。切忌火制。金必制反為尽。

甲日戌月

（甲子時） 木誕九月其性枯槁戌中丁戊太燥故須有水潤澤時屆深秋又喜火以暖木時干甲比時支子水燥木
已得潤澤之功喜有庚金透干以制木金多又喜火之食傷土旺則須甲木來疏也。

（乙丑時） 甲生九月雜氣財官時干乙劫幫身時支坐丑財賣財星之勢旺而日元之木弱如干透火土地支復見
四庫作從財論否則喜有水木同來制土扶身爲要。

（丙寅時） 日元甲木得祿於寅時干丙火又坐生於寅寅戌又有拱火之情柱中厚土旺火木其燥矣喜有水來潤
澤秋木原以庚殺爲貴透干防火制須有濕土爲範格取財滋七殺。

（丁卯時） 九秋甲木時支卯刃日元不弱丁火透干泄秀木火有通明之象惟以氣勢太燥喜有壬癸木得以潤用
金最喜辰丑之土相生見水泄金非所宜也。

（戊辰時） 一木三土財旺身輕可知辰中一點乙木餘氣竟被戌冲而根拔如柱中再見火土當作棄命從財一見
木比水印從財之格破反以水木爲用矣。

（己巳時） 己巳並戌火土得勢得地日元甲木性轉枯槁須有一水透干兼得金之官殺相助然後身財兩旺總之
身輕財旺印比不可或缺也如柱中絕無印比之神而見一派火土者從財乃眞。

（庚午時） 午戌會成火之局一庚高透時干日元甲木既被旺火之泄又被金殺之剋剋泄交加木其虛弱甚矣
際此情形獨喜水來制火潤金滋木氣勢乃歸中和。

（辛未時） 月時未戌相刑而土財愈實日元坐庫時未力量極微一辛透干以坐下戌燥而不能生金最喜水印
透干潤金生木則官星清潤身求健旺景水實調候之眞神柱中見之多多益善。

（壬申時） 甲木派於申時干透壬日元絕處逢生妙在戌中丁火暗助木氣吉神深藏至篇可實柱中木氣微弱。

一三

水卯巳足與丙金水相生則高浮木之患理宜有木比湖水日元之根乃固

（癸酉時）時支酉金用元甲木之胎位酉戌氣乘西方金氣益旺妙有癸印透干藉以泄金生木氣勢轉偏爲和切
忌干透庚而支再見申丙丁之火不可少此即假殺爲權之說也

（甲戌時）兩甲兩戌木土有交戰之象火雖可以解木土之爭但因甲木虛露無根見火木氣益泄土重更有析木
之患水得金助潤土生木最要寅卯坐支方能任此旺財身財兩停格乃宗備

（乙亥時）甲木長生於亥乙却劫身日元根淺蒂固惟九秋氣寒宜以火暖爲先木賴陽和而發榮矣金氣純清而
不雜用殺方佳兼有土以生之尤佳木巳旺而再見木神其猶飽而進餐則必病矣

甲日亥月

（甲子時）甲木日元誕於十月金休囚而水巳進氣時維冬初寒氣益增用神不離丙丁之火甲臨亥提長生天干
怒發並有庚丁得氣益覺美木榮悅矣

（乙丑時）日元甲木月提見亥長生時乙却財劫身丑藏辛癸氣寒愈屬甲木幾成忘形誠能火土同來並有一丙
高透名爲寒木向陽見火以火爲喜冬木反泄爲生此五行理外之理不可不知也

（丙寅時）亥生寅祿印於身時落丙寅可謂配合有情兼之寅亥六合木之根基愈固獨忌金水叠見損傷時干
丙火養戌制水以存火乃不失爲上格也

（丁卯時）甲日亥提木潤水而根損時干卯木陽刃可以增木之強培木之氣更妙亥卯半會去水之病時丁高透
暖木育清喜再有金制甲則丁又暖金氣協情和之進誠難能而可貴者矣

（戊辰時）甲木得亥中印的比相生日元之根氣不嫌時值戊辰財星旺而有餘土財雖可培木究嫌土濕木寒丙丁

乃謂傷官之真神有去寒濕潤木之功苟能得地通根不見水來尅制者格最佳妙。

（己巳時）月亥可以濕木時巳可以暖木惜乎巳亥一冲旺水去其衰火時干一點己土去病之力不足因之土木皆與木之生機不發故喜有丙丁雖兼木以生助則火自旺而木自暖矣。

（庚午時）庚金透干本是甲木良友惟冬木見之獨恐生金多固喜火制木寒又何嘗不喜火暖耶有時支午火木暖得以發榮剋支不透力嫌微弱喜再丙丁透干火力乃充金多固喜火暖。

（辛未時）甲日亥提木得清澄喜有七財相生格取財旺生官木有氣時干辛金官星清澄喜有七財相生格取財旺生官。

（壬申時）日元長生於亥時透壬申殺印相生八字金水皆旺木寒有飄蕩之象決不宜再見金水以促木之生機。所喜土來制水火來暖木始臻完美。

（癸酉時）時上干支金水齊透日元甲木又坐亥提金水沉潛一氣殊覺清澈惟時屆冬令木之氣勢愈寒有如許金水不凍木之處喜有火之食傷土之財星藥投自然病除。

（甲戌時）寒木忌水喜土謂命者言之詳矣時逢甲戌妙在戌爲燥土去水兼乎培木而戌中一點丁火煊木自更可愛怕忌金水疊出濕土制火則有情變爲無情矣。

（乙亥時）兩甲一乙却比同來且有亥中兩壬之增寒木雖旺而嫌濕救之之法須有高亢之戊土驅除其寒濕之氣透干之丙火暖太精神格成食傷生財否則徒見一派水印木雖多奚益哉。

甲日子月

（甲子時）天干兩甲地支兩子母旺子相之象嚴冬寒氣逼人木性虛濕若非陽和之氣以煦之安望其木之發榮正所以喜有丙丁火以壬癸三者俱備爲然可貴

八　字　提　要　　甲日子月

（乙丑時）甲日子提時臨丑貴一點濕土可以助長子水之勢明為培木之根實則寒木之氣所以支要寅巳等字。

日元之根始同如再見一丙高透名為寒谷回春總之生旺之地多見為妙死絕之方不宜再逢

（丙寅時）日元甲木妙得時逢丙寅火土同生一點子水藏支庸又何傷惟忌金水透干有傷木之精神水如太多。

須有土來制之蓄收堤防之功具火土兩神實冬木最切要之喜神也

（丁卯時）甲日子提位臨沐浴冬水生木而不生喜其時支卯木得以逞刃日元通根而旺時干有厚重之戊之

力強乃以坐下卯木氣旺不西於丙水來則丁火爭制金旺有助水之情多見非所宜也

（戊辰時）甲日子提寒木也以寒水而欲生木反促成其凍木之勢妙在時干有透丁固不逮丙火之

以塞水之流並收培木之功但以氣勢欠純喜有得地之寅透干之丙則木之根基自實木既生旺當以火土會

傷生財為中心

（己巳時）冬月甲木歸根復命最喜生旺獨忌死絕時逢己巳中火土得祿寒木藉以照暖干透己土培植木之

根基冬金不能制木困有寒水洩金耳金非不能為用有火制之乃佳

（庚午時）木臨子月既寒且濕時干庚金高透地支子午相冲旺者冲衰午火熏拔以是本身之弱概可想見故喜

支有寅卯木根乃固水來生變為射火來洩轉為生

（辛未時）甲木坐庫於未寒木得以培根月提子水固塞有未制之可解時透辛官清純而正惟以丁火藏於未庫。

火之氣勢不足最妙一丙透干木暖而益見生旺矣

（壬申時）壬申金水氣旺申子會水寒枝生機盡滅非有厚土制水烏能培此木根水旺切忌再見金助有金

則水必冲奔而木根盡浮矣除土以外丙丁之火尤不可少也

（癸酉時）癸酉為陰金陰水不如壬申氣勢之澎湃惟十一月甲木無論陰水陽水胥以少見或不見為妙戊土固

為所喜丙丁尤為可貴如單見食傷則水火必爭故須有土相制方可全其火之大用

一六

（甲戌時）戌乃帶火之土。可以培木之氣。兼收止水之功。時干甲木不載於地。似覺天元贏弱。喜支見寅卯。干透甲乙。始克有濟身旺金乃可用。萬無喜水之理也。

（乙亥時）時亥為甲木長生冬木坐水生寒。乙刦透干本身不弱。乏土則木根不固。乏火則木性不暖。土火兩金木遂蓬勃尤以子亥為病。而以火土為藥。

甲日丑月

（甲子時）甲誕丑提冠帶之位。斯時天寒地凍木之生機受阻。丑乃濕土。見子則蕩甲木覆而不載。根虛則木必受傾愛欲有丙丁之火驅水之寒。固重之土培木之根。如再來辰丑亥子等字。雖有一二點火土之神亦覺其病重藥輕也。

（乙丑時）甲木誕於十二月。天寒地凍木性盤屈。月時之支兩丑並列。以丑中辛癸深藏沉鬱之氣未除。時干乙刦可喜。命書云冬月甲木火重不厭水泛非祥二語意義安在蓋首重調候二字耳。

（丙寅時）丙寅為木祿火生之地。寒木有火透干配合可謂有情十二月甲木以取食傷生財為上格食神制殺亦望之似可助身。木不能助。必須有丙寅戌未等字。萬象乃轉清新火土兩缺病重藥輕矣。

（丁卯時）卯為日元甲木之地。時干透丁。暖木不足。須有甲木多助亦可發丁之熖。甲多須丁用等於丙冬木以重見金水為忌水泛乏土則木更寒濕。

（戊辰時）甲木得餘氣於時支之辰時干戊土臨財通根於丑一木三土顯係身弱財多喜有木以助身制去土財之病。更妙火之食傷用以溫暖土木之性如柱中印比不見。更來一派火土者可作當令之從財格。

（己巳時）暮冬萬卉闌珊為甲木休囚之地月提丑因丑藏癸辛而增寒妙乎時逢己巳丙火坐祿有寒谷回春之象。時干己合甲名為財來就我適為我用富麗堂皇苟有一二點木以助之金覺情協氣和矣。

八 字 提 要 甲日丑月

心一堂術數古籍珍本叢刊　星命類

八字提要　乙日寅月

十八

（庚午時）時透庚金得庫於月提丑土七殺可謂有氣日元甲木無根身殺難見兩停所喜時落午火殺化為權兼
以暖木之寒如有木比通根相助格取傷官制殺

（辛未時）甲木得庫於未又為日元貴人冬木賴以盤根先見木助至於水之印綬柱中切忌見之
不濁縱以辛官為用充應

（壬申時）壬申金水兩旺冬木受害膘淺木弱不勝土財之制水祇有用木比以泄水較為相宜惟不問其水旺木
弱與夫木旺水弱寒則一也獨有火之食傷身弱得之則成反生身旺得之亦足見珍

（癸酉時）癸酉兩神性皆屬陰木寒置喜喜之日元甲木臨酉較坐申金尤弱且酉丑半會金局木根盡枯欲去其
病須有木以助之火以培之三者咸備格自佳矣

（甲戌時）天干雙甲地支雙土木土交戰財鼎被奪按之比財相特妙有火來通關則成木火土三神成象即或不
以通關論在茲寒冬臘月之木又非火暖不可但因身弱財旺木神更不可或缺也

（乙亥時）甲木臨亥為長生時干劫財又來助身日元得地通根可謂旺矣惟丑亥中金水歸旺有損木之精神喜
丙丁之火以全木之生機金可生助旺水土來何妨見金總之木寒不發見火乃榮

乙日寅月

（丙子時）初春乙木餘寒未除須有陽和照暖萬卉乃榮書云乙性至柔最喜懷丁抱丙時干丙火通根寅提時支
子水潤木有功一暖一潤格局美備所忌者有壬亥損丙木之生機殆盡矣

（丁丑時）乙木見寅蘿繁甲木之根基極固時達丁丑財星之力亦強身財兩旺自可以財為用水印乃春乙所
不可少然多水亦防困火若有土以制水衛火仍不失為格之佳者

（戊寅時）初春木漸轉旺月時兩寅坐支日元氣勢充沛兼有寅中兩丙照暖身旺得泄自誠可貴一戊透時財篇

二六

我用。若柱中少水不免春旱。

（己卯時）乙日坐祿於寅卯木氣生旺可知時干一點己土臨於旺木之上名為截腳身強財輕自喜火以扶財如

柱中重見木神則當以曲直格論之

（庚辰時）乙日寅月時逢庚辰身旺足可任官初春乙木最要木氣暖潤但既以庚金為用則獨喜土以生之水多

反來泄金火多反來制金蓋云用神不可損傷誠是言

（辛巳時）木火兩旺身旺洩秀時干辛金以火旺於金制殺不免太過火旺金弱獨喜土來泄火生金惟柱中木氣

太燥又喜有一二點水以潤之

（壬午時）乙日寅提却財幫身時落午火與月支寅木會成半局之火刦化為傷時干一壬高透既

濟功成雖然寒暖得中身主究屬旺氣不足不可不見却比相助也

（癸未時）日元乙木時支未中丙丁兩見寒木賴以陽和時透癸水坐下未位水印弱而無根格局不免太

燥所喜支有潘水之金相濟自不陷於偏枯矣

（甲申時）乙特月提寅木而得根名為籐蘿繫甲時落甲申木火之根盡拔而申中所藏壬印轉孱又被寅中戊土

所傷單見時干甲比幫身力量微矣祇要地支有子辰等字則申金貪會忘冲寅中木火生金矣

（乙酉時）時乙幫身月提坐寅本身弱轉為旺時支一酉金七殺藏而不露初春金寒無裨木之大用正喜其藏

而不露也祇要時透丙暖木自然敷榮暢茂矣

（丙戌時）寅戌拱火丙又透時木輕火重似以過泄為病且有燥渴之虞必須水以潤之復見辰丑濕土

以泄其旺火五行氣和乙木自然條達矣

（丁亥時）日元乙木旺於寅生於亥寅亥六合木根愈固亥中所藏壬印木燥賴以得潤暖潤兩全氣歸中和柱中

喜再有一二點土名謂食神生財

八　字　提　要　乙日寅月

〈字提要　乙日卯月

乙日卯月

（丙子時）二月乙木月令建祿木旺而復有比祿助之木之根氣益固時逢丙子既暖且潤配合佳妙庚辛之財壬癸之印祇要清而不雜略見抑有何妨金少水多有損木之精神唯喜火土為用矣

（丁丑時）月提得祿時干透丁木氣可謂生旺時丑財星得庫身旺足任斯財金水兩神為春乙不甚適宜但少見亦有潤木之功如木火重見反喜水印以調候

（戊寅時）乙木疊逢祿旺丙火兩見長生木生火泄氣足神充時透戊土明雖坐下寅木財被刼奪實則寅亦財之生地也然則身與傷財三者同旺格取傷官生財自無疑義得有一二點水以潤燥更妙

（己卯時）支見兩卯日元精強力壯時干己土臨於卯木比地虛而不實非有通根得地之土以助之財終不為我用際茲陽壯木渴之情熱下尤喜見有辰丑濕土為範

（庚辰時）柱中木土兩停其身堪以任財時透庚辰生金而官星益清可以時上一位貴論若見丙丁透干官星被傷壬癸透干官氣被泄用官最喜財生見尅見泄均為官星之病

（辛巳時）乙木得祿於卯時逢巳位為之泄一辛透干為之尅祿尅泄三者相較衝其孰輕孰重自然休囚之財殺

（壬午時）卯午同來比懸於食乙木之英華泄盡妙得時干透壬可以制火之炎潤木之燥兼以生扶此屏弱之身

（癸未時）天干癸乙相生地支祿庫根足木氣彌見生旺如干支再見水木相助象成方局自當順其旺勢作曲直仁壽格論既成此格尅木最忌否則仍以火土食財為喜神

（甲申時）月提建祿甲木透干木之氣勢極旺時支申金官印相隨有情柱中有土生金當以財官為用如支中再

見子辰等字則必以土財爲貴也。

（乙酉時）以失時之酉冲當令之卯嘗可得乎又乙比透干仍以身強論喜火土吐秀若多金尅木有水不妨水能潤木除非過多總屬喜見也。

（丙戌時）卯戌六合木火同情一丙透干木氣盡洩傷旺身弱彰明矣書云身輕喜泄重佩印爲宜印者水也有水生木日元自然轉旺且木火炎燥更喜水以調和其氣也身弱而復有木以助之亦佳

（丁亥時）一亥一卯木得潤勢愈蓬勃時透一丁氣怯而微須有他火以助長其勢方成木火通明之象如見金之官殺自應舍火以用金更喜土財生之金如太旺用火制殺爲權

乙日辰月

（丙子時）乙生暮春之月陽氣愈熾木氣愈老癸丙爲不離之眞神乙日辰提木有餘氣而辰土財星當旺時逢丙子辰子半會水局財化爲印乙木賴以潤澤時干丙火高透泄秀有情如再有一二點戊己之土可作傷官生財格。

（丁丑時）三月乙木春深木老時干透丁木以照暖辰丑土財得地財星可云得氣妙在丑中辛癸相生木得調濟。八字暖潤兩備惟日元稍弱苟有寅卯等柱扶助之尤爲可喜

（戊寅時）時落戊寅乙木根深月提辰土之財透於時干以我爲之旺足以敵之柱中寅辰乙戊木土有交戰之象。氣有未協所喜丙丁透干構通比肩之情則木火土氣息相通矣

（己卯時）乙木旺氣轉東方身旺可知時干一己坐於卯木之上雖時值土令究不免被木所損身旺財弱。須有火以彌縫其闕使其財身兩停兼有一二點水以潤之則財星自然歸眞而其氣勢亦可流通門戶矣

（庚辰時）乙木二辰木弱而土氣較旺但辰中有兩乙餘氣生扶日元其身足任土財身旺自喜財旺用財尤喜火

八字提要　乙日巳月

之食傷惟時干庚金高透支土盡洩於金春乙不宜金旺故不得不藉火以去其病也。

（辛巳時）　時干辛殺攻身時支巳火生辰火金土氣勢流通獨於日元乙木荄不相關未能連繫身弱概可相見唯喜水印多見自然金洩火制而本身加強矣。

（壬午時）　月值辰土當旺時支午火轉來生土財旣得氣極矣。乙木僅恃壬印所生力猶不足喜有寅卯等字通根生助則堪以食神生財論矣。

（癸未時）　乙木日元餘氣於辰木雖得根土財更旺時干一點癸水陽戚轉爲濕潤如再來戌己之土則成財旺身弱寡不敵衆須見金泄轉來生水或另有木比身財始克兩停。

（甲申時）　申辰拱水官屋泄之於印時干甲木劫財助乙而旺水木旣足自不宜再見印比之神庚辛之金陰木不宜多見盡其性柔而不勝其斧斤之削伐也土金疊見又安得不藉火以制之乎。

（乙酉時）　天干兩乙並列地支辰酉會金木坐地木氣寅損其身之弱概可相見喜有印比水木相助木之根基始固金如透之干頭更非火制不可也。

（丙戌時）　乙日辰提時坐戌土而冲辰中癸印乙比去之殆盡時透丙火泄身生土財其旺矣非有木以助之終屬身弱且八字涉於枯爆更非水印相潤不可。

（丁亥時）　乙木餘氣於辰長生於亥木賴水滋生氣靈動時干丁火難不足生財有餘氣亦和協所喜再來火土。支配盆見適當

乙日巳月

（丙子時）　四月乙木。位居病地斯時火勢炎炎木性枯焦。專以癸水爲至尊之神月提值巳時透丙火。日元乙木洩之殆盡時支一點子水妙收濕潤之功惟滴水易潤非有庚辛申酉不能發水之源葢金爲生水之神夏木不可

或缺也。

（丁丑時）乙日巳提火旺木洩，氣勢之弱，危乎殆哉時干一丁透干火勢益烈妙在時支丑土中藏癸辛不惟可以納火之氣且可收潤木之功巳中一點庚辛火旺不能為用乃喜辛癸或庚壬同透扶助木之精神五行不致偏枯矣。

（戊寅時）四月乙木最忌火炎土燥月巳時寅木火兩旺一戊透時土更非良日元乙木被困生機損傷火旺喜有水以濟之土燥喜有金以泄之金水兩全木氣自然蔚鬱矣。

（己卯時）木氣黻於泄方長於生方四月乙木乃泄而非生也時支卯木見火必生火旺復有木之相生氣勢更甚炎熾有謂乙木得祿於卯身旺之徵豈知夏月之木不以卻比幫身為旺乃以水印調候為貴金來助水為喜也

（庚辰時）夏木以旺火為病金水為藥除外格不以正五行取之者可以一理同推時逢庚辰中一點癸水潤此夏金辰乃濕土又可納火之氣木得水則生巳見辰則火泄於土氣勢純粹可觀但喜壬癸再透干益見活潑矣。

（辛巳時）月時兩巳火旺木焦時干一辛坐巳成燥因之日元乙木既被傷官之泄又以庚辛之制尅泄同來乙木安藜其生救之之法壬癸乃當務之要神急宜重重相見方能挽回木病

（壬午時）巳午氣秉南方火旺木成灰飛時干壬水坐於旺火之地其力微矣以此一點無根之水而欲調濟弱木烏乎可耶然則能有申亥等字以補宜之則身木生而有救矣

（癸未時）乙木日元時坐於未月提巳火遇未而土火皆旺殊有燥木之嫌干透一癸原可收其雨露濕潤之功乃以臨於未位不通根氣雖有若無故喜局中再有金水方能成其大用

（甲申時）乙木坐巳為病見申為絕巳申兩臨支位木氣可謂虛脫不知申巳二氣轉六合病火困以牽絆薈云喜神忌合忌神喜合良非虛語且也申中壬水得生扶助日元喜再壬癸透干官印相生

（乙酉時）乙木劫財幫身巳酉半會金局狀成金堅木缺。夏乙本不喜劫但於木無根氣之時亦喜有
一二點木以助之而水印尤不可無以健朗爲美殺有印化爲貴

（丙戌時）時干丙火坐祿於巳得庫於戌火勢炎烈乙木自焚兼之戌爲燥土財非不可見特亦喜濕而忌燥也
在火固無疑矣欲去其病舍水莫屬有水則火氣自怯再有一二點金以助水木性自然華秀矣

（丁亥時）巳亥一冲水火兩敗俱傷夏木以火爲病反以冲之爲美惟時干一丁火勢仍未減退喜有庚辛同來生
助不足之水則木自得生而火氣自快矣

乙日午月

（丙子時）五月火旺土燥禾稼皆枯用神亦不離癸水地支子午一冲以斯時火旺水弱大有水不勝火之概時干
一丙高透乙木氣散兩離故喜有通根得地之水遂收坎離既濟之功土財非不可

（丁丑時）時維仲夏木弱火旺時支丑土泄火有功丑中所藏辛癸力量極弱生木不足再喜有水以潤之金以生之。
方可全夏木生機再見旺火燥土格局陷於偏枯矣

（戊寅時）日元乙木地支寅午半會化爲傷炎炎之勢炎手可畏此時乙木幾乎化爲灰燼干支再見木火格取
從兒否則惟以水來調候金來發水之源爲貴一見戊己雜出木之精神盡失矣

（己卯時）乙木得祿於時支之卯似乎日元有根卯午相遇木從火勢時干己土坐下卯位雖不制盡終屬土燥難
培所喜金水生旺潤木爲先夏木專取殺印相生會此可謂莫屬矣

（庚辰時）午月辰時旺午爲辰土所泄日元得餘氣透干於辰是身弱乃辰爲濕土培木之力極大時干庚金又喜有
辰土生扶官星清而得淨配合完備若有一癸透干正合木火傷官佩印之妙

（辛巳時）乙木無根徒見巳午旺火之威脅幾無存在之可能辛坐巳地巳雖金之長生又安能敵此火制惟水可

二四

三二

制火潤金以養全局關鍵在此一神之有無耳。

（壬午時）五行配合原有規定如金水傷官喜火而憎水木火傷官惡火而喜水適得其反究其理亦無非霆在調候兩字乙木臨午火木氣盡洩妙得壬水蓋頭坎離得濟惟以印綬無根水之氣勢不足喜有申亥等字金生水發源自然悠長矣

（癸未時）乙木雖根於未午未六合木燥根枯生機盡滅時干一癸以坐下未土不能引以為用所喜水來通根兼有金發其源用神自然生動土財然夏乙所忌多見更有潤水之憂也

（甲申時）日時甲乙兩列坐下午申尅之若無根不知申中壬水得以化官潤木日元弱而不弱是壬印乃旋乾轉坤之神與夫乙木之旺衰關係殊非淺鮮喜再干透水木生機益形奮發矣

（乙酉時）乙臨午火為泄氣乙坐酉金為截脚兩乙並坐尅本身衰弱可知仲夏火正司權大忌丙丁再透更忌戊己雜亂祇要金水得地而有氣八字清潤可觀矣

（丙戌時）午戌會火而透丙日元菁華洩盡夏木以火為忌此造偏全南方之氣格局轉成木火從兒惟以火旺不可過亦喜土財泄火之秀所謂兒又生兒是也如柱中金水得地則當棄從兒而以木火傷官佩印為用也

（丁亥時）月提午火得祿時支坐下亥水水火既濟有情惟五月乙木獨喜癸水潤澤兼有金來相助格局始臻完備至於戊己雜亂而傷水更喜劫比制之為良

乙日未月

（丙子時）六月乙木其性轉衰除柱中金水勢成方局而用火暖木性以外總不離壬癸庚辛乙木得庫於未一丙透於時上有木明火秀之象時支一點干水可以潤土養木四柱不宜再見食傷之神以防涉於偏枯金水同來

八字提要　乙日未月

（丁丑時）日元乙木時坐於未時支丑來冲未土勢轉旺財重身輕可知更見一丁透干火又戀生於土全局皆屬
於財財旺防木折故喜有金泄土而病去一方面又須有水印生身而轉強以成中和純粹之局

（戊寅時）乙木得根於寅木戊土透於時干上下左右勢成木土交戰夏月火土同旺格局涉於枯燥必須有水印
及金互相調濟如再多見土木比財尤形爭奪矣

（己卯時）卯未半會日元栽根甚固時透一己坐下卯木而被去六月火漸退氣身旺亦可稍見火以泄之藉以流
通水印乃調候之神勿論身之強弱總須有一二點也

（庚辰時）日元得根於辰乙木之根巳固時值土旺辰未財星亦旺可謂身財兩停矣時干庚金高透以
坐辰位官星極清惟尚須一二點水以濟之則身財官印氣協而情和矣

（辛巳時）巳未氣成南方日元泄之太過時干辛金因火勢金氣有損因是旺火燥金兩失其全所喜水印類
來則火不炎金不燥木得潤而生全矣

（壬午時）午為旺火未乃燥土火土同來木甚焦矣時干一壬高透得以調濟木之精神惟此時水氣休囚要支有
亥子通根得地否則水不敵火喜有金以生之寒暖濕燥乃得均衡

（癸未時）日元兩坐未土庫地乙木根深蒂固未中兩見丁火木氣暗泄為病時干一癸臨於未土之上力弱不能
生水須有水來協助金來發源去其濁而留其清則得之矣

（甲申時）時逢申位官印暗化有情甲木透干日元賴以生扶六月乙木土正當旺時申得以相生喜有庚透干官
星獨發而清再見水印同來官印得以相隨如見丙丁透一則官格有破矣

（乙酉時）兩乙通根於未日元氣勢充足時支藏殺而清身旺假殺為權最喜土財來生此係財滋七殺如柱中庚
辛申酉齊來方喜火以制之若制之不能用印化之可也

（丙戌時）丙火坐庫於戌情傷財之勢極旺日元乙木枯焦巳極須有水來調濟金來發源方可收既濟之功既以火

二六

三四

旺為病金潤為藥柱中有水無金或有金無水均非完美之象。

（丁亥時）日元長生於亥餘氣於未亥未半會木局財化為比以言身主可謂旺相極矣妙在時透一丁秀氣流行。更有一二點土可作食神生財取用身旺當以比刼為病尅泄為藥惟此時火氣未除勿論身強身弱水印終喜見之。

乙日申月

（丙子時）乙誕申提火退而金正秉令夏乙忌火防其木焚秋乙忌金防其根損同是一乙喜忌則隨時令而變遷也地支申子會水官化為印日元有印相生乃是弱而不弱時干一丙臨於子水之位殊未能助木之暖氣勢未純應有寅卯巳午等字以充實之。

（丁丑時）申丑中庚辛兩見乙木無氣丑土雖可培木究嫌力微時干一丁氣又泄之於土所忌再來庚辛摧殘木之精神總以水火為切要之神故喜其屢見為美也。

（戊寅時）寅申之冲旺存衰拔日元之氣衰弱極矣一戊透於時干財星亦失其真際此情形喜有比刼相助強身為先更有火以暖之氣勢滾歸中和矣。

（己卯時）乙木生於七月絕地也時支卯木歸祿成格喜其乙庚暗合官星清純為美時干己財臨於卯祿之上土財身雖受尅財弱喜有火以助之格取食神生財。

（庚辰時）乙木餘氣於辰庚金通根於申時支辰土又來生申書云乙木忌埋根之鐵蓋所以防秋乙之損傷也辛申中一點壬水足以化此頑金官清本不宜制但於秋乙逢金之情勢下有火制之為美。

（辛巳時）申中庚金得祿巳中庚金逢生加之時又透辛以疊疊當旺之金制裁此枝藥凋敗之死木正如摧枯拉朽還賴巳火制殺之還不過日元究嫌微弱總須有印比相助為美也。

八字提要　乙日酉月

二八

（壬午時）乙日申提木之氣勢極弱弱時干壬水通於申望之似可生木木能生木水
好能病木此所以……髓有木不受水之說也惟其母旺子虛故獨喜土以制之火以暖乙木以成之三者配
合出宜格局有礙上乘矣

（癸未時）未時中藏乙木時干一癸土潤木生月提申金官星又爲壬印所化金泄於水水來生身日元賴印以固
時支未藏食財身旺適爲我用喜再有火土益見暄熾

（甲申時）乙木坐下兩申明爲絕地實則申中有印格成殺印相生一甲值時究以坐下申金助身之力極微若柱
有寅亥等字身主自更旺再見金透出用火制之可也

（乙酉時）天干兩乙地支申酉埋根之鐵易損休囚之木妙在月提申金中藏壬水殺旺有印得化但申酉究屬當
令之金仍喜有火制之有水化之

（丙戌時）丙火得庫於戌火土兩旺乙日元乙木之氣藉以溫暖而舒適惟柱中旺氣微弱似難任此傷財故喜支有
寅卯亥未等字先固其本否則徒多剋泄癸有益於我哉

（丁亥時）乙木長生於亥身主不弱而不弱申亥兩見壬水印旺自可生木木不知時值秋令木氣漸凋水旺有寒木之
嫌妙得一丁透於時干略以驅水之寒暖木之根大忌金來生水水土財爲去病之神何妨得地透干

乙日酉月

（丙子時）八月金正秉令乙木衰弱己極時支子水賴酉金以生時干一丙可以除寒增暖惟木根虛脫火亦微弱
尚欠精神秋木以得根爲最要其次火亦不可少

（丁丑時）乙木日元臨於酉提時支一丑財星藏而有根乃以酉丑半會財星化爲七殺日元之乙勢成有剋無生
之象須重見比印始可轉翹

八　字　提　要　　乙日酉月

（戊寅時）乙木日元。全賴時支寅劫幫身月酉篇殺，時干篇財殺有財助殺勢愈旺妙在寅中丙火得生可以暗制殺之肆逞金殺不能再見木火重逢方喜

（己卯時）時卯歸祿入格月提酉金遇辰而合時透庚金則化殺矣卯之生故先尋寅亥以補之如水木兩付闕如更有土金頻來則當順其勢而從殺矣

（庚辰時）乙木餘氣於辰日元根氣極微月提酉金遇辰而合時維八月化金正值當令苟有土金再來助其化神格取化金無疑如化金不成仍以制金洩金之水火篇貴

（辛巳時）巳酉半會金局時干辛金又來助殺之旺日元乙木孤立勢成殺重身輕救之之法喜有水印以化之謂殺印相生如印傷兩缺再見一派金氣者格成從殺

（壬午時）乙木臨酉篇尅地地支尅泄兩見午篇泄地支尅泄兩見日元之根枯矣所喜時干壬水可以藉印生身更須有寅卯等字以助之如徒見水印疊來又不免母旺子虛矣

（癸未時）時干癸印生身日元不以弱宮月提酉殺雖旺有癸水化之未丁暗藏制之自然不來傷身妙在土金水木一氣呵成惟以木在秋令火之食神愈多見爲愈美

（甲申時）天干甲乙臨於酉申之地金堅木缺之狀秋木氣值凋零篇能受旺金之摧殘喜見丙丁去此旺金之病但火金總係尅泄之神須尤須木比水印爲先也

（乙酉時）日月時乙酉兩見未坐金地金堅木缺須寅亥得根加強本身之氣惟金木氣勢未慊火又不可或缺有火則兩意情通乏火則怨起恩中所以木比與火之食傷誠秋乙唯一之眞神也

（丙戌時）乙木日元誕於八月其氣休囚巳極時逢丙戌財賴傷生而氣足木賴火暖而氣充月提酉殺雖旺見火無能爲力喜干支再見甲乙寅亥以助之木根旣具丙傷遂可得用矣

（丁亥時）乙木日亥水時亥中壬印生身秋木雖弱印尅得地而轉強月提酉金七殺遇亥則金泄於水殺又化印

八　字　提　要　　乙日戌月

三八

時干丁火。坐下水地火力嫌微喜佩火以助之取其身旺泄秀。

乙日戌月

（丙子時） 九月木性枯槁，不能無水以滋養月提戌土當旺藏丁而土勢轉燥時丙坐於戌盜泄乙木太過而時子

又神提戌所制精神金缺病在於燥須水來為之溼潤

（丁丑時） 日元乙木坐下戌丑之財木衰土旺顏有折之之象所喜丑中辛癸同來。一個元機暗中有生木之情惟

辛癸藏而不露生木之力尚微苟另有刼比以寶之印透以生之則我不困於旺財而旺財破我利用矣

（戊寅時） 乙木得根於寅斯名籐蘿繫甲時干戊土正財以通根月令而愈旺謂其身財兩停可矣惟木土上下交

戰不無相時之嫌而有爭財之勢丙丁乃調和之神兼可暖木之氣柱中怎應見之此外尤喜有一二點水以潤

之。

（己卯時） 乙木得祿於卯己土種根於戌身雖旺而財星更旺時值深秋木土皆燥必須有水潤澤金來發水方免

偏枯況秋木原以水為真神見之自更可寶

（庚辰時） 乙木餘氣於辰辰戌一冲木根盡拔而土氣轉旺時干庚官獨透坐辰而官星益清財官雖清無如身不

能任怎須有刼比以助印綬來生

（辛巳時） 月戌時巳火土得地時干辛金得生火土金三神均旺獨日元乙木孤立急宜水木同來生扶日元之弱

抑其太過而補其不足象成中和斯為美矣

（壬午時） 午戌會火乙木之氣盡泄一點壬水透干燥木轉為溼潤火勢太旺水木皆弱旺弱不均尤宜扶弱抑旺

如再見火土雜出身印絕無根氣則當從其火土之勢而以從財論命矣

（癸未時） 乙木秋生枝葉枯槾無力任當旺之財時逢癸未未又燥土愈熙財多身弱癸雖生氣因坐於未生木之

三〇

力極微必須柱中再有金水則旺土得金而戕氣泄弱木得水而生意足矣。

甲申時）甲乙兩見天干地支坐下戌申財官旺而身弱妙在申中一壬乙木絕處逢生喜再木比相助扶持精壯。
否則雖有疊疊之土金財官終恐難為我用耳。

乙酉時）九秋土旺金相乙日再遇酉時酉戌同位西方財殺甚旺乙木太柔時上比肩似可幫身無如自絕於酉。
欲助何能為力須有陰水暗滋或寅卯以通兩乙之根如此印兩無再見旺火結黨者可作從兒格論。

丙戌時）乙木支臨兩戌時干一丙高透木性枯燥乙之根喜有水透制火潤木方全既濟之象木弱本可賴印相生。
木太弱更不可乏比扶助。

丁亥時）乙木根連於亥亥被戌制然亥中甲木回尅而護印因之乙木雖弱印生轉旺時丁坐於亥地火氣欠足。
喜有丙透可取傷官生財。

乙日亥月

丙子時）十月乙木生氣漸展斯時水勢正旺氣又嚴寒重在丙戌兩神乙日亥提木臨長生之位惟亥子氣屬北
方木有寒凍之虞時干一丙坐下水地火力似覺微弱故喜火土得地寒木遂得向陽。

丁丑時）日元乙木月提亥中壬甲兩旺木氣得根惟氣勢太寒時落丁丑火又泄之於土食衰財旺之象且亥丑
金水根深不嫌凍木之煞喜支見戌未燥土以鎮水干透丙火以暖木於是木之生機蓬勃可無窒礙矣。

戊寅時）乙木日元月亥寅乃木之祿地身主根深旺不待言十月乙木獨以見水為病亥水藏而
不露且有亥中甲木之洩水雖旺而無礙於木之生喜坐祿於寅中丙戌之氣生旺誠藥重病輕之造也

己卯時）日元乙木得生於亥坐祿於卯亥卯半會木局木之根氣固矣時干己財坐下比地是謂不載其財等於
虛設喜有火透兼有得垣之土名食傷生財

八字提要　提要　乙日子月

（庚辰時）乙日亥提木氣得生轉旺，時逢庚辰官星氣足，庚金情戀於乙，名爲官來就我，身旺官純，亥辰兩藏壬癸。木之氣勢增進，喜見火來驅寒，向陽之木發榮矣。

（辛巳時）乙木日元亥提藏壬，水木相生，又巳火暖木，不知巳亥一冲，水金木火皆受傷，諮云暖地喜冲，生地忌冲。因冲而日元由旺轉弱，喜支見寅卯合亥，當可忘冲於巳，然後巳乃可用。

（壬午時）乙木日元亥提坐亥，時干透壬身印，可謂兩旺，冬木獨忌水印透干，藍寒冬木氣收斂，水旺唯恐木浮矣。其時支午火足以除水之寒，暖木之氣，惟水威火驕，還宜他火以補之，或有土以制水。

（癸未時）乙木日元亥未中一點丁火溫木有功，所謂吉神深藏是也，時干透出癸水印綬，喜其坐下未土，忌神力弱，不致凍木，若有火土食財重來，益見美妙矣。

（甲申時）甲乙兩透干頭，歸根於月提之亥，日元通根氣壯，時申藏壬，亥中又藏壬，亥復有申金之生，水勢之旺與透干無異，冬木見此旺水，必須有土之制，火以暖之，則木之生機方可轉見生勤。

（乙酉時）乙日亥提劫印兩全，日元亦稟中和，雖屬通根，而其情則歸之於亥，旺水有金相助，自然氣勢益充，惟時屆冬令，水寒木凍，有帶火之土，則忌神去而木自繁榮矣。

（丙戌時）乙日亥提木氣根重，斯時水正乘時得勢，有增木寒，喜其時逢丙戌，乃燥土可以制水之病，丙乃陽火，足以暖木之氣。

（丁亥時）乙木日元，月時兩逢亥生，而以泄爲生令，於此造可見一斑。書云冬木生身主得地通根，亥中兩壬得祿，水旺成冲奔之勢，時干一丁坐下亥水之地，火力微弱可知，急須支有乾燥之土，去水之病，干透重叠之火，暖木之氣，如再見壬癸透干，水泛木浮矣。

乙日子月

（丙子時）仲冬嚴寒凜列，乙木枝葉皆悴，非有陽和解凍，木無生氣，乙日子提坐下水印，時支又見子水，生而反尅，力微弱可知，急須支有乾燥之土去水之病。

八字提要　乙日子月

之象時干丙火陽氣虛弱。不足以除寒身弱獨喜寅卯等字火土亦為喜見之神。

（丁丑時）乙誕于月木根藍漂。時丁坐丑火氣盡泄子丑氣兼北方旺水有凍木之憂以時上二丁之餘而欲解嚴

（戊寅時）寒之凍力有未逮喜甲透天干以引丁其用等於丙火更有亢燥之七以制水則去病殆矣

日元乙木通根於時支之寅蓋寅中丙戊得生氣勢極旺時干戊財足以收提防之功所喜月提子水藏

（己卯時）而不透無損木之精神如能加以木比火傷木更向榮欣欣矣

日元乙木得祿於時支之卯格成歸祿子卯雖刑動而不動仍可全其水木之氣時干一己以坐下卯地

（庚辰時）仲冬乙木子時辰會成半水之局時干庚雖有辰土之生終亦助水之旺水印獨多母旺子衰過於

而力薄喜有火之食傷雖重重不厭其多冬乙以丙為真神正如赤子慈母之不可或離也

（辛巳時）清寒喜有土以制水火以暖木

乙誕子月木性寒而且濕時支坐下巳火可以驅寒轉暖時干辛殺以臨巳火之位不能傷我日元冬水

（壬午時）反生為尅故非僅漂木抑且去火之餘則木不能賴火以發榮矣

冬月乙木氣寒而列月提子水被拔時透一壬水勢益增乙木更形漂蕩矣大喜厚七旺火精神方可發越

（癸未時）衰衰著拔今子旺午火衰午火子午一冲則水愈旺而火愈弱書云衰者冲旺旺者發旺者冲

乙日子時辰會成半水之局印綬結合似有益於木不知仲冬木氣畏寒

（甲申時）溫暖惟以丁藏有甲木引丁之餘方妙金乃助水之神固無補於冬木也

日時甲乙並列盧轄不薄根底月子時申會成半水之局印綬結合似有益於木不知仲冬木氣畏寒

（乙酉時）旺足以損木再見透干之水不能無厚土制之木寒喜神在火有一丙透木性遂臻陽和矣

兩乙並露干頭月子時酉十生水旺而復有金生有根之木尚患寒溧況木虛而不載於地乎然則須有

土以培木去水更喜有火溫暄多火則木自向榮

（丙戌時）日元乙木誕於仲冬時節木氣盤屈於地其象頗不舒展時干丙火高透通根於戌傷財兩全其眞惟日
元孤虛必須有㓤比之扶助始臻完備如薔龍雖好尙有賴於點睛也

（丁亥時）乙木日元時支坐下長生本身得地有根亥子皆屬北方經此旺水漫淫寒木反生爲尅時干一丁坐於
水地星星之火力嫌太微所喜重火以暄之厚土以實之則無情轉爲有情矣

乙日丑月

（丙子時）季冬乙木水寒而土濕木之生氣愈憊火土兩神一如仲冬乙木之不可或少月提之子寒水也時支之
丑濕土地皆足以病木精神時干丙火無氣焉能暖木身弱病重可知須有戊丙得地寅卯坐支斯病斯藥乃爲
貴矣

（丁丑時）乙木日元月時丙坐丑位丑中辛癸相生有金寒水冷之象冬木氣恩奄奄生機窒礙時干丁火見丑則
泄須有甲寅等字方可挾復火之光輝如土財重重水病雖去折木又豈能免耶

（戊寅時）乙木日元時下坐寅籐縈繫甲木氣根深妙在寅中藏丙斯名寒谷回春更見戊財透干減少木寒旣喜
神生旺病神自然盡去再多見火土癸雪花添錦上

（己卯時）乙木得祿於卯名曰歸祿逢時己土通根於丑財星得地有氣誠身財兩停之造也但木土氣勢未愜頗
有爭財之意要有火之食傷構通比財之氣木亦得暖而榮矣

（庚辰時）乙木日元坐下辰濕土財旺身旺自可生官惟乙木虛露無氣乙妹又娶於庚遂
成金堅木缺之象理宜㓤比得地午固木根次有火來調候兼以制殺大用於是乎成

（辛巳時）乙木日元時干辛金月丑生辛殺重身輕幸有時支巳火制殺爲美書云殺有傷割殺化爲權惟總以身
騧爲病喜再㓤比爲助若餘柱有火自屬喜見但忌水來傷火

（壬午時）乙日丑提旺水之氣猶未長冬水以生爲尅非似夏木佩印爲貴壬印透干有損木之虞時午被丑土泄氣燈火照暖力微最喜甲丙同來或火土重逢

（癸未時）月時丑未互冲未中乙丁皆傷癸水通根於丑冬木以印爲忌蓋水多則木必受凍木凍則生機盡滅故喜厚土以制水本身太弱更不可無蹄火之木爲助

（甲申時）甲乙兩排其根不截於地月時丑申金水得氣歸垣以休囚之木見此寒金冷水得毋成爲忘形所喜干有丙戊支有寅巳等字挽狂瀾於既倒則木之元氣充實矣枝葉向榮矣

（乙酉時）酉丑半會金局促成兩乙之截脚金剛木缺由此可見冬月之金本非當令爲其轉輾生生之木故有剞多不能尅木之說也此造日元太衰原不堪金之摧殘火乃調侯之眞神制金護身之寶筏尤宜重重見之至於木之尅比亦以多助爲美

（丙戌時）乙日丑月木之根氣虛脫時落丙戌財賴傷助更旺冬月乙木原不以刼比幫身爲重尤以旺火調侯爲先身弱有火便可轉弱爲強但此造總喜寅卯坐支方見精彩

（丁亥時）亥爲木之長生日元弱而不弱亥丑均含水氣時干一點丁火力微無補於暖是乙木寒濕有餘喜厚土以去水之病帶火之木以固身之本再見一派水木雖多奚益哉

丙日寅月

（戊子時）丙日誕於正月火挾木氣以俱來月提寅木長生其氣益旺時干戊土高透通根寅提明尅實係暗生時子深藏潤木有功身印與食無一不旺壬透當去食而就殺乏壬則當以土食爲用

（己丑時）丙日寅木火兩旺時逢己丑傷官亦旺己丑皆屬濕土有損丙火之光有衉陽威之德乃以土爲病宜有木以去七火以幫身略見金不妨

（庚寅時）　丙火兩坐寅木長生日元之根愈固一點庚金臨絕財星虛露無根身旺財弱可知財弱喜有土金生助

均停則財爲我用若有壬水高透是名水輔陽光不同凡響

（辛卯時）　寅卯氣令東方丙賴木生而愈旺時透一辛牽絆丙火喜有丁火制辛以全其身末火稍旺究嫌於燥急

宜金水相濟財殺爲用一見土來塞水更須甲木去土爲貴

（壬辰時）　丙火長生於寅丙火坐庫於辰而辰寅有拱木之情身更旺於壬殺我身正可任之惟水火氣休囚獨忌土

之食傷有土則壬水失清丙火失威如見金相助化其病而輔其用潤天和地潤之佳造也

（癸巳時）　丙火日元長生於寅得祿於時支之巳身印兩皆健朗寅巳中戊土食神亦頗有氣可以稍泄旺火惟時

干癸水坐下巳地弱水縱被熱乾喜有金水和潤之

（甲午時）　初春丙火坐旺于相月時寅午半火時干甲印相生身旺可知氣勢嫌燥必須有金財水殺調和乃佳否

則坎離失濟而孤陽失輔矣

（乙未時）　丙日寅提木火兩旺時逢乙木身旺復有印生日元陽壯極矣値茲三陽開泰氣回大地木火太旺喜有

水以潤澤爲美惟此時水正涸竭少見難爲我用故又須庚辛相生源遠流長

（丙申時）　丙乃純陽之火其勢猛烈月提寅木爲印旺時干丙火爲比壯印比通氣得地生氣蓬勃乃以時逢申金

寅申相冲不但寅中甲丙皆傷而申中庚壬亦損木火金水皆失其用喜有亥卯等字令去寅木以全申金庶乎

水火兩得其用竝行不悖

（丁酉時）　初春丙火其象至威月提寅木扶身之力至大時干丁火又幫身身主可謂強矣酉金財星以被旺火所

制難爲我用喜天干壬癸高透收旣濟之功復有金來輔佐水源水火之氣愈清矣、

（戊戌時）　丙日寅提身主氣勢充沛時落戊戌厚土有晦丙光丙乃純陽之炁棄窠至威一見食傷其性失之於威。

喜有甲來疏土之病壬來顯丙之節格局方轉清麗

三六

（己亥時）　丙火誕於寅月寅中木火皆旺日元剛健可知。時逢己亥木氣得潤火之氣勢轉清惟時上一點己土晦丙喜有木來疏之用神仍以亥中壬水取貴。

丙日卯月

（戊子時）　二月丙火陽氣舒升火力愈充月提卯印幫身時支一點子水原可潤氣乃以干臨戊土水爲尅制兼以晦丙之光急宜盪力以去戊唯喜木來疏之身印兩旺又喜壬殺庚財見於干支

（己丑時）　丙日卯提火賴木生而氣壯丙乃純陽之火其性獨騰上而無所止非似丁火之旺而不烈時逢己丑有晦丙火之光而丑中辛癸屬陰又不能盡丙之用病在傷官太旺理喜金以泄土又見水而丙之性

（庚寅時）　寅中丙火助身之旺月時寅卯氣全東方印比沆瀣一氣木火之情深矣時干庚金坐下寅卯絕地財星之力不足身旺財弱理宜見財以實之更喜水殺以敵之財殺兩全格自美妙

（辛卯時）　卯元丙火月提坐下兩卯木戀於火仲春丙火陽透斷升最喜水之官殺調濟木火精神時干一辛虛露不得根氣且辛丙有見合之情丙從辛而反怯喜有水透則辛從水勢而不合於丙矣是水乃救丙之神也

（壬辰時）　丙日卯提木從火勢時逢壬辰七殺歸庫丙火以壬水爲良友其情最眞摯壬丙兩旺身殺勢均自當以壬制身爲用一見戊己之七便損水之清麗

（癸巳時）　丙日巳時格取歸祿月提卯印生身益旺時干癸水坐下巳火之位水其熬乾陽氣壯盛未得坎離既濟。

（甲午時）　丙火坐刃於午甲木坐旺於卯印比相互交輝其氣旺相已極惟木火結黨氣勢有嫌偏枯若非從旺格局最喜水來調濟菁云木火印綬獨喜見水蓋亦爲調候而言也如柱中水力微弱更喜有金以發水源

（乙未時）　月卯時未卯未會局而成印時干乙木又復坐下未庫有木多火塞母旺子虛之象自喜金財以去印水

之官殺爲暮丙調候眞神亦以先覩爲快。

（丙申時）　天干兩丙月提一卯木火之氣壯矣妙在申金時支庚壬得地而清足以調和木火之氣勢惟申有丙火蓋頭不免大醉小疵最喜壬水透干格乃清潤。

（丁酉時）　日元丙火時干丁火同類相助聲氣相應月提乙木正印原亦火之螭母自有愛子之情乃時支酉金見卯則冲似有去印之可能殊不知時丁制酉財不足以破印身主仍有根喜金再透干以財爲用

（戊戌時）　丙日卯月木火兩旺時落戌戌土氣更强雖日木火土一氣相生干支之情不背但嫌火旺土燥柱有金水之神始臻調劑之功水火春火要神須臾不可或離也。

（己亥時）　日元丙火月時亥卯半會化印春丙有會局之木火勢益見炎炎時干己土雖有晦丙火而坐下木地土財難存全要支水之潤五行始歸中和如再有金以財旺生殺取貴。

丙日辰月

（戊子時）　三月丙火正秉令有晦火泄身之咎月時子辰一會化食爲官時干戊又透出更使日主失神以土爲病喜甲透干制之見木則病去矣戊印制食爲用

（己丑時）　一丙三土火之菁英泄盡蓄云春火爲相士衆生慈所謂生慈者是失其陽剛之怜也此旣土勢結黨。如再見己或四庫之地而絕無印比生扶當順其旺土作從兒格論命否則仍喜木火幫身

（庚寅時）　丙火坐生於時支之寅兼有寅中甲印相生日元可謂生旺矣月令辰土當旺時干庚財得土之生而亦健祇辰中一點癸水坎離之氣未和喜有水透干益臻美滿

（辛卯時）　丙辛若化水則以辛爲喜神丙辛化之不成則以辛合丙火爲病時居暮春土氣秉令原不能化水卯辰有拱印之情故火力亞非不足乃以金水較騎急須加強財殺之力則無情轉爲有情矣

（壬辰時）　時壬兩見辰庫乃水之得地而旺也土水皆旺於身病在尅泄交加土旺固喜木印以化之木乃旋乾轉坤之神得之豈不爲美乎

（癸巳時）　丙火坐祿於巳日元通根爲旺月提辰土司令巳中戊土得祿身旺有泄傷官格成火土假傷官時干癸水無根且又坐巳火之地被旺火熱乾蓋云火土傷官宜傷盡今於此造得之祇喜金財同來格取傷官生財

（甲午時）　丙火坐刃於午時干甲木生身月支辰中藏癸水土濕而泄火之氣格取食神吐秀惟三月丙火尤喜壬水之尅蓋丙壬氣皆屬陽丙以壬水爲尊見癸固不如見壬爲清純逢金發水亦佳

（乙未時）　丙火日元誕於暮春時落乙未爲木印之餘氣本身不以弱言妙在辰未兼泄丙火之氣辰中一點癸水潤澤之力不足喜有金水同來五行調濟更宜

（丙申時）　丙火兩見月提時支申辰拱水而土金相生財亦不弱身主氣勢未充須有木印火比以輔身再用金水財殺五行乃得中和

（丁酉時）　丙丁日時兩列辰酉六合爲金上下火金戰尅爭財凡在兩神相峙之情態下必須有所以構通之者幸辰酉雖合辰土暗中泄火比較金旺火輕印比幫身之神不可少

（戊戌時）　一火三土火弱土旺裏不敵衆三月丙火因土晦火光必須有木印以去土之病但或火炎土燥更非金水濕潤不爲功也

（己亥時）　日元丙火見辰亥爲泄見亥爲尅時干己已傷官之力極旺或謂亥中甲印可以生丙不知亥中之甲爲濕木焉能生火仍以干支木火生扶爲當務之急火多嫌燥則木更較爲需要也

丙日巳月

（戊子時）　丙火日元誕於四月爲建祿之格時上戊土高透身旺而食神亦旺時支一點子水介於火土之間亦云

三九

微矣。喜有壬透干有金相助則不致孤陽失輔清光透而自貴矣。

八字提要　丙日巳月

四○

（己丑時）丙日巳提時逢己丑火土夾雜氣勢未清以土爲病以木爲藥有木去土火乃有威水印爲夏火調候之真神尤宜見於干支如火土疊疊而無水以濟終非上乘之格也。

（庚寅時）丙火得祿於巳長生於寅有印而日元愈旺時干一庚臨於寅木絕地晃火則金性白鎔所以謂於燥烈獨喜水來潤澤舊云身旺最要殺不足尤須賴金財以助之。

（辛卯時）丙臨巳提建祿成格時支卯見火必生夏火本旺見印則氣勢愈強時干辛金力弱難爲我用木火氣感總以金水爲前提否則性不正而情不和矣。

（壬辰時）四月丙火甫炎氣勢由衰轉旺時月提巳乃爲建祿之格妙在時落壬辰水星歸庫五行遂得調濟身旺用殺爲貴夏火見壬爲更貴惟此時水值休囚有金生水益覺添花錦上矣。

（癸巳時）丙火兩坐巳祿不惟本身力強而巳中所藏庚戊亦皆得勢時干一點癸水坐下絕地大有車薪杯水之感仍患炎炎喜土金洩化或大量水濟。

（甲午時）巳午氣全南方時甲又來生身炎之勢炎乎可畏必須有通干得地之水以濟之蓋夏丙以金水爲真神火旺得水自可免於枯燥如水力不足支見辰丑等字亦可補救於萬一。

（乙未時）日元得祿於巳乙木盤根於未乙未中食傷兩見泄火光輝幸木火土生之不已氣勢尙清惟近枯燥急宜有透干得地之金見火之妙。

（丙申時）丙火兩見天干聚氣於巳時支坐申金水同藏烈火得以稍戢惟時干丙火蓋頭金氣不免受傷如他干不透壬須支見子午大用於是乎彰。

（丁酉時）三火一金身強財衰月巳時酉半會金局財乃轉旺夏火獨取水之官殺爲生蓋重在調候耳故喜見水以潤之金以生之身殺兩停始臻完美。

（戊戌）丙誕巳月，火勢極旺，時逢戊戌，有晦火之光輝，燥土烈火，生機受障，夏火最忌乾燥，惟此造水雖需要，見水又防土剋，與其以水為喜，不如以金為先，於是土生金而金生水，五行息息相通，方可免於阻節。

（己亥）丙火坐祿於巳，日元旺而不弱，時逢亥水，己亥雖冲，總不能去盡日元之根，時干己土患在塞壬，所喜金水相涵，同透天干，藉收既濟之功，日元之根稍弱，尚不引為大咎也。

丙日午月

（戊子）丙至午月，陽刃秉令，其氣最旺，時支子水冲午，水弱終被火激，時干戊土，有晦火之嫌，喜有金來泄土之氣，有水賴金之生，金水相涵始歸情和。

（己丑）丙火臨午為刃，時逢己丑，火氣洩於土，他神身旺喜洩，獨丙火忌土所晦，故命審以火土夾雜為忌也。

然則丙之所喜者，水之官殺也，火性至剛，水性至清，宛如日照江湖，有相映生輝之象，水弱而見金以助之更覺清純可貴矣。

（庚寅）日元丙火逢刃於午，時支坐寅化印為刧，夏月火氣秉令，炎威莫當，況再寅午結局乎，時干庚金虛露無根，喜有支金，亦如火之結黨，金力加強，乃可以財為用，如見一二點濕土以和之更佳。

（辛卯）丙火見刃於午，時卯情又歸火，日元之氣極旺，時干辛金無根，火金不容，木火相生，如再見木火結黨，則當順其火性作炎上格論命，反以金水為忌矣。

（壬辰）丙日午月，時逢壬辰，水火兩見，既濟功成，身殺兩停，殺刃勢均，獨忌戊己雜亂，盡用殺而最畏食傷之制。

（癸巳）丙火日元，以月午為刃，時巳為祿，本身之旺，無與倫比，時干癸水之官，坐於旺火之地，水已熬乾殆盡，仲夏火勢炎烈，若無水來潤澤，再加木來助火，深恐不戢自焚，所以要金水兩全以調候之。

（甲午時）丙日午月陽刃之地時逢甲午又來木火其勢之旺大有爆石流金之概一派木火在此三夏時節未免偏枯如再見木火黨眾勢成專旺皆云暖之至者反以無氣為貴故忌見水

（乙未時）乙木盤根於未印綬得地而旺午未亦合化傷為刦雖係木火土三神實則勢皆成火印比兩旺以枯燥為病故喜有旺水以濟之此時水臨絕地最易被火熬乾苟有金來發水之源則水之精神健朗可以從容制火矣

（丙申時）天干二丙集旺於月提午火時值一申申為水之長生火旺得水既濟功成格以陽刃駕殺為貴如再有一壬透出氣勢益見清潤矣

（丁酉時）丙火得刃於午時再透丁名為陽刃倒戈所謂倒戈者乃言其勢過旺之意也時支酉金幾被火鎔須有濕土泄火方可保全金之生氣如地支金局格成火金疊疊亦實格也

（戊戌時）月午時戌半會火局一戊透干有晦火之光明形成烈火燥土夏火不畏水多獨怕土泄雖曰火土傷食以傷盡為喜此係審審之誤解不知火土傷食須有水以調和其氣蓋見水有土回制不與丙火相激而反收潤土之功也

（己亥時）丙火得刃於午日元氣貫神充妙在時支一亥可收濕潤之功亥中壬水乃以有甲木之泄固不遽支有申金中藏壬水之為美兼之一己透干水清轉濁矣殺弱唯宜金水相資也

丙日未月

（戊子時）丙臨六月氣勢逐漸銷沉蓋未土當旺嫌其有晦火光時干戊食高透時支子水上下被土所困官星等於虛設際此情形喜有木印制土生身以復丙火之性救子水之官

（己丑時）己丑皆屬陰土而丑中又有辛癸之相生其性質逈異於高亢之戊月未性雖乾燥究亦有晦丙光以土

雨爲病身旺喜有金以泄土格取傷官生財身弱喜有木印之生格取傷官佩印。

（庚寅時）丙火日元餘氣於未長生於寅氣勢轉強一點庚金透時虛露無根身旺未能用財須有申酉丑辰等字坐支方可以財爲用土氣太燥尤須有水潤澤。

（辛卯時）卯未會木化傷爲印火有木生身旺可知時干一辛高透與丙辛絆以時値土令決無化水之理戊己爲夏火所忌少見無傷體用多則有濁水之咎所謂假神亂眞是也。

（壬辰時）丙火見辰未食傷泄置身輕但未中乙丁同宮略可助火須天干透甲生丙方爲有力時壬爲調候之神是誠可喜惟以火正退氣若再多見金水亦防三伏生寒也。

（癸巳時）丙火賴巳以生旺未巳中兩土皆燥不無洩火之嫌時癸露而無根兼有土之覬覦其水不免枯竭病在食傷喜有木印以去土之病次須有水潤土之燥用木用水不可執一活看爲是。

（甲午時）丙火通根於未甲木臨下午火午未六合木火成氣細按之則木火土三神生生不息也氣勢難純總以燥渴爲病須有壬殺制刃譬云殺無刃而不威蓋即調候之意也。

（乙未時）丙火兩得餘氣於未乙木又見土洩然有乙木丁火生扶依然旺相柱中喜有壬癸之水潤斯枯燥之木則木火有相生之情兼有金來泄土生水更不偏不倚矣。

（丙申時）日時兩丙以未中乙木爲根時支申金水相涵重心在於水殺以壬爲用遂成旣濟如有透干之水復有庚辛之財轉成殺重身輕非有木印化殺不可。

（丁酉時）丁刦通根於未丙火有未中乙印之生既有印刦當以有氣論時支臨酉以干丁制止比重財輕應有申酉辰丑等字加強財力使身財兩停其財乃爲我用矣或財與身強弱懸殊是名財星不眞一見水之官殺常舍金而從水。

（戊戌時）三土三火菫之似屬相均不知時値土旺火力遠避以土爲病急欲透甲醫之此乃傷官佩印如不見木

八　字　提　要　丙日未月

四三

（己亥時）亥未半會木局七殺化為印綬以亥藏壬濕木未能生丙僅以未中乙丁為根時干己土通於未有泄養丙之氣六月丙火退氣除水旺生寒喜土驅水外總以重土透干為病救之之法身旺以金泄之身弱用印制之印重來土金之神又當以火土從見格論命

丙日申月

（戊子時）丙火生於七月病地也氣勢逐漸消散地支申子會水時戊露干而虛支水干火未濟之象喜有寅巳等字丙火之根始固金水雖係秋火真神亦須視得用與否如身主未困見殺為得不病此命書所以有丙臨申位忌見陽水之說也

（己丑時）月申金水同宮時丑土濕成泥身主受尅泄太過以日近西山之丙火急須有得地之木印與夫通根之火比相互輔助方許健朗乃有精神

（庚寅時）月申見寅則冲斯時金旺木衰有冲木拔時庚坐祿於申中財重身輕之象須有得地巳火合去申金印根乃可保留財旺劫為助是名一神一用

（辛卯時）卯申暗合情勢趨財丙辛亦合不免過於有情如申酉亥子同來天干又透壬癸應以化水格論之否則大喜木火生扶以金水為病

（壬辰時）申辰拱水時干又透壬水殺重身輕之象丙火本忌食傷之泄在此水旺火熄之際惟恐其土之不來然則以殺為病以食傷為藥也但如本身太弱木火印比尤實於貪傷之土也

（癸巳時）丙火得祿於巳時申提透癸則官亦旺身旺官透自可用官巳祿合之於申丙火之氣不專巳申雖不化水火力不無所損滴天髓云何事裙釵恣意留此語即指巳申之無情相合尚須有木火輔助我身為是

（甲午時）丙火坐刃於午時干甲印為助秋火雖屬失令黨眾亦以旺言月提申金如有壬透財化為殺自當用殺

而舍財誠殺刃夢輝之造也。

（乙未時）乙木印綬坐庫於未日元之氣轉旺月提甲金藏壬見未而氣勢轉濁最喜干透金水身旺當先用殺如庚辛多見或食傷同來則可棄水而用土金之神。

（丙申時）七月丙火太陽轉西兩丙臨申位財旺而日元氣淺申中金水同旺財殺方與衰火隔藏之咎何辭惟有藉劫比之助印綬之資否則勢成一斃千鈞矣。

（丁酉時）天干丙丁兩排地支申酉皆金財臨旺劫不無爭奪之意殊不知時值秋令金旺火衰得地秉令之金，反能制休囚虛浮之火此即火能制金金旺亦能制火五行顛倒之原理自仍倚靠木印火比也

（戊戌時）丙火坐庫於戌有蔫光返照之象月提申金財星秉令時逢戊戌食神得氣土來生金重心全在於金以

（己亥時）亥中壬水得祿申中壬水得生兩壬藏於月時兼有申中庚金之生誠可謂秋水通源亥中甲木印綬以濕甲而不能生丙身主太弱總喜有劫印為助也

丙日酉月

（戊子時）丙火至酉死地也日近黃昏餘光存於江湖。酉子金旺生水官星之力極強時干一戊高透虛浮無根既不能制水之旺亦以晦火為病須要通根寅巳午支本身既健乃用官可也

（己丑時）酉丑半會金局己土透干得地月時土金集中財旺身弱可知柱中再見金財透干而支成方局可作當令之從財格論所謂從財者要本身絕無援助一見印比得助而仍喜木火幫身

（庚寅時）日元丙火長生於時支之寅寅中印比同旺耳時干庚金得旺於月提財星氣通門戶身若較弱則以財旺為病身旺仍不妨用財既以財星為用無比劫無須水之官殺蓋官殺洩財

也。

（辛卯時）　月時卯酉一冲。財印兩傷。日元丙火頓成孤立。且也辛丙一合爲財來就我。實則牽絆身主滴天髓云局中顯奮發之機者神舒意暢象內㴠沈埋之氣者心鬱志灰欲救卯木非水而何欲其身之轉旺更非火助不可。

八 字 提 要　丙日酉月　　四六

（壬辰時）　丙火日元孤立辰酉六合壬丙雖屬雙清身主氣勢究輕秋丙性懶體休木生方有復明之象火來始得輝煌之光既以壬殺勢重木印化之更佳。

（癸巳時）　日元祿於巳而巳酉半會比化爲財此係無情之㑺轉使身不任財時干癸水根通酉提其力亦強唯喜比刧扶身財官方爲我用。

（甲午時）　丙火坐刃於時干透甲印生身可知月提酉金被午所制是金不敵火地柱中喜有壬水高透殺刃自然雙清如以壬殺爲用戊己大忌雜亂有一於此格轉濁矣。

（乙未時）　乙木歸庫於未未中一點丁火賴印而勢轉爲旺月提酉財秉令兼有未土之生我可以任財如柱中金財多見反來損傷木印所謂貪財壞印是也總要身財兩停方佳。

（丙申時）　申酉皆金丙丙成爲截脚金旺火弱明矣書云金旺則有傷火勢又曰丙臨申位最喜月干透印是以秋火先要生旺方可任用財殺否則金水雖清抑有何益於我哉。

（丁酉時）　天干丙丁同來地支酉酉分列有火金相峙金堅火熄之象柱中財旺身弱當先刧比爲助木印須防金制宜各立門戶兩不相礙爲佳如再來㴠濼之金可以令身而從財矣。

（戊戌時）　時逢戊戌食神之氣極旺酉戌氣歸西方金財之力亦強日元丙火雖逢時支戌庫土重晦火抑而難伸惟有用木疏之印來助身光輝自復或火比相助亦爲功。

（己亥時）　月提酉金爲財亥中壬水爲殺旺金生水財洩殺旺亥甲以有壬水之浸濕斷難生身主之丙須有透干

之甲丙復見得地之寅巳始可轉弱爲強。

丙日戌月

（戊子時）丙誕九月墓庫之地雖有餘暉氣極微弱月戊透於時干不無晦火之光時支一點子水被土上下交爭。制之殆盡甲木爲疏土之神助身唯印是利得之自然病除矣。

（己丑時）丙火坐庫於戌時上干支己丑根深一火三土身主泄弱丑中辛癸同宮又寒丙火之氣。甲木爲先決問題庚辛爲次焉者也因身弱見印則土去而身強身弱見金土雖泄而身仍不能任財也

（庚寅時）時落一寅丙火身印兩旺寅戌又會拱有情時干庚金坐下寅地而月令之戌燥土又難生木是庚金實無根之虛財耳柱中宜有得地之金以助之且干支似乎太燥喜有水來潤澤

（辛卯時）卯戌六合木從火勢日元丙火賴以身旺時干辛金不得根氣且因跡近乾燥此財等於無用身旺土藏。無須木印再見用在財官

（壬辰時）辰戌互冲秉令之土益旺戌中丁火與夫辰中癸水因相制而損傷戌丁癸日元之根冲則根拔辰爲時干壬水之庫冲則水亦虛脫身弱宜木火以資之方可用水否則用神無所適從矣。

（癸巳時）日元祿於巳兼之月提火庫於戌身主極旺時干癸水坐下火土弱水安得存在柱中火土燥裂失之於枯所喜金水財官結伴同來則以中和取貴矣。

（甲午時）丙火坐刃於午午戌半會火局加以時干甲印生身木火氣結身旺極矣木火之氣嫌燥先喜水調濟有水減須有金水乃源遠流長

（乙未時）日元得庫於戌乙印坐庫於未身印均得地戌未土星泄丙火之氣柱中木火土生生不已惟以火土皆燥須有水金調和爲美故深秋丙火身弱用印身旺用殺雖非定論大略如是

（丙申時）丙誕戌月爲庫地時透一丙日元弱而不弱妙在時支坐下申金明似丙來制申實則申內庚金生壬轉
輔丙火之光書云吉神喜其深藏可免爭奪之風洶非虛語故以壬水爲用

（丁酉時）丙丁氣聚於戌日元不弱時支酉金有火旺金衰之象非有濕土之生庚辛之助終難全財之用如柱見
土金同來格取食神生財有水透干取財生官視其配合定其取用

（戊戌時）丙火兩坐戌庫日元有根時干透戊丙被土晦柱中厚土疊疊丙轉弱矣書云混殺貴乎取清遇傷在於
佩印此語甚是故宜以甲印先觀爲快甲來而有水相助喜用兩金矣

（己亥時）丙火聚氣於月支之戌兼有亥中甲印之生弱轉爲旺亥中壬水得祿可以潤土之燥清丙之氣惟月提
戌土制水須支見申酉等字打通土水之氣格乃清純無疵

丙日亥月

（戊子時）十月丙火太陽失令月爲亥水火之絕地也亥中甲印被壬所濕絕難生丙而亥子氣全北方水旺自然
火弱時干一戊旣成濕土且虛露無根不足以去水之病喜甲乙高透或支有寅卯化殺生身則得之矣

（己丑時）丙火氣衰而弱亥中藏甲難生日元難逢己丑傷官極旺丑中辛癸相生益添亥力水旺土濕
尅洩交加非有寅巳卯午等字見於地支殊不足以化干戈爲玉帛也

（庚寅時）丙火長生於寅比兩皆生扶月提逢寅而合印綬益見生旺時干庚金虛露無印須有得地之金
方可用財如不見支金須藉土以生之亦爲財星有根

（辛卯時）亥卯半會木局印綬生身而旺書云火有木生則有復明之慶惟初冬水勢當旺須支有戌未之土水去
木自不濕以之生火則火力倍增矣時上辛財浮露亦喜有土生之或庚辛勁之其財乃得歸眞

（壬辰時）壬水坐庫於辰又復得祿於亥冬水勢成冲奔沛然莫之能禦日元一丙孤立自難免於隕滅之患然則

殺重身輕明矣去病之法獨喜木來印化書云眾殺猖狂一仁可化一仁即指印而言也。

（癸巳時）丙火坐祿於巳似乎有根不知月時巳亥一冲水火兩傷蓋云巳旺者冲衰衰者拔是巳火冲而去之也時干癸水官星雖清無如身弱何所喜火比生助木印齊來首要固日元之本。

（甲午時）冬月丙火氣勢轉衰木火生助最為重要日元通刃於午甲印生火有情月令亥被當旺制刃恰到好處。惟亥被甲泄殺勢欠清須有一壬透干刃殺雙輝而更美妙

乙未時）乙印盤根於未亥未半會木局母旺子衰惟十月丙火如乏比却多助全賴印綬之生乃真神固無所謂母旺與否也總之身旺印旺喜金財之裁財官之取用以身旺印旺為區別

（丙申時）兩丙露干月提藏甲木不生亥申金水同情財星旺不逮殺旺初冬水令丙火根淺須有帶火之印綬化殺如寅卯等字則殺生印而印生身令氣勢一貫矣

（丁酉時）時支酉金既被丁火之尅又來水之泄財星不真丙丁全恃亥中甲印之生甲被亥中壬水所濕生火之力極微既水旺火衰木印誠不可缺否則重婁丙丁得地亦佳

（戊戌時）時逢戊戌土力極旺日元雖得庫於戌冬火之氣不足月提亥水難屬秉令見此戊戌重土亦將不勝故以土晦丙光為病去病之神惟木印耳

（己亥時）丙壬兩甲藏於月時兩亥之中丙火臨於亥水絕地可謂弱矣時干己土既成濕泥又不能制去旺水須有透干之甲通根之火扶之乃得其宜

丙日子月

（戊子時）仲冬丙火一陽潛生火力勢甚微弱月時兩坐子位有�丙火之氣時干戊土有晦丙火之光身主孤立無助宜以木印泄水生火兼有巳午等字為佳

八字提要　丙日子月

五〇

（己丑時）子丑氣歸。方兼有丑中辛癸之助。時干己土。幾以水旺而成為濕泥。日主丙火。屏弱極矣。一點陽威泄之殃。盡書云冬火欲生不欲殺。殺則歇滅。然則欲其恢復通明之象。非末印重見。或火比得地不可。

（庚寅時）丙火長生於寅。寅中印比兩生。冬月火勢絕滅。雖能生水。幸坐下寅木。生而不生。如干透壬癸等字。用土制之。格成食傷制殺。

（辛卯時）丙火日元誕於寒冬。體絕忘形。月時子卯一刑。似乎卯印不能生身。但滴天髓云。柱神祇以冲為重。刑與穿。令動不動。尚無大礙。可以明矣。時干辛金成凍。日元丙火孤立無依。冬火不見印比生扶。如頻見水金同

（壬辰時）子辰半會水局。時干再透壬水。其勢巳成氾濫。且惡其無情合丙。除非化水。否則須多火來比助。

（癸巳時）丙火得祿於巳。癸水坐祿於子。身與官交互得祿。惟此時水當令而火退氣。苟有木印以助身之旺。構通來者。可作從殺論。一見木火得地。從格破矣。仍喜生扶。

（甲午時）丙火見午為刃。冬火見刃為弱。時干一甲又來幫身。主得氣。惟月令子水乘旺。見午則冲。旺者冲衰妻。水火坎離之氣兩見。金財生官。則成點睛之善龍矣。

（乙未時）時逢乙未。印綬歸庫。未中一點丁火又來生助丙火。仲冬一陽復生。丙乃弱轉為強。祇要印比得地更不為弱。月提子水過未而被傷。未可引以為用。水透干方取財生官殺。

（丙申時）天干兩丙並列。地支子申會水。天干不載於地。而地支反來剋丙。上下無清。大凡水火交戰最喜有通關者。雖存書云敗地逢冲仔細推敗物。指子午卯酉也。着重仔細兩字。今以羊刃被損。日元旺又轉弱。仍喜有得地

（丁酉時）丙丁列干。劫比本屬同氣。酉子坐支。金水情誼相投。火處水實。乃於官旺身輕。值茲關終之際。水勢正旺之神。而弱火更不可少木印以助之。由是火水之氣和而弱極之身得生矣。故忌水再透干肆逞。須要丙火得地。兼有木印為助。然後再用官殺。凡論一造義旺之氣神。總不可不顧及也。

（戊戌時）丙火坐庫於戌身主尚云有根時上戊戌食重可作傷看且其病在晦火月令子水官星巳被土之包圍無存在可能土重洩身喜有刦比補充之重木以去重土方收有病得藥之效。

（己亥時）亥子氣全北方秉令之水成方而愈旺日元丙火全恃亥中申印乃以帶水之木究未能發丙之燄是水火未濟之象也身弱以幫身為先故支見寅巳卯午等為宜如重見金水同來則當順其覺崙之勢而從殺

丙日丑月

（戊子時）季冬丙火氣進二陽較初冬仲冬為有力月時子丑六合時干戊土高透食傷並見火氣盡洩於土若無通根巳午之火斷難藁其生旺既以土為病木印乃為療病之神毫無疑義。

（己丑時）時逢己丑傷官並見丑中癸同宮氣亦生旺土金水相生有情獨棄日元丙火於孤立是不應旺者而旺失之於偏應旺而不旺失之於昌救其弊惟有木印火比兩神以調和。

（庚寅時）丙火長生於寅月丑土來生金身旺而財星亦旺舊云身旺財其財得為我用身弱逢財其財反來尅身更妙時干庚金賴寅中丙火以暖之如天干有水透出則當舍財而從官殺

（辛卯時）丙日丑提火洩於土時逢辛卯金來尅木比印皆損日元贏如能支見木印火比則以食傷生財為用。否則總以幫身為宜也

（壬辰時）月提丑土時支辰土望之似土旺不知辰未之庫地丑中辛癸相生水有金生加之一壬透於時日元丙火幾被水制殆盡如干支再來金水助其旺勢惟有作從殺論。

（癸巳時）丙火歸祿於巳日元通根有氣丑之制其財不全丑中癸水透干官星獨發而清身旺用官宜矣用在官星忌有壬殺來混獨喜庚辛之生一見戊己雜出謂之破格

（甲午時）丙見午火羊刃之位一甲透時幫身為旺月提丑土傷官身旺洩之有情舊云身旺者宜尅宜泄惟用在

泄神不應再見水之尅神用在尅神。自不應再見泄神尅泄不能並用。擇一可耳。

（乙未時）月丑時未雜氣互冲未中乙丁因冲而丙火泄根去。徒留時干乙印生身力量微弱。而丑未兩土得時當令。更損丙火之氣。宜有木印佩之劫比助之身主始得健朗。

（丙申時）兩丙虛透干頭申財有丑之生金旺火弱日元根淺。患宜注意著要朱固其本斷病身弱當進參燕補之。參燕者木火也。

（丁酉時）丙丁虛露無根丑酉會金而得地身弱財旺顯而易見深冬土旺金亦隨土而張非似仲冬水旺泄金可比日元過弱無須土之通關祇要有通根之神身弱印為生斯可矣水乃去火之神身弱尤忌見之。

（戊戌時）一火三土日元之英華泄盡傷食益兄身弱不言而喻戌中一點丁火又被丑中癸水暗傷丙巳孤立土巳成象非有木印為助安能解圍如再見戊己丑辰等字格局變成從兒。

（己亥時）月提丑土透於時干傷官極旺亥丑中壬癸同臨宵殺相混土水夾雜氣勢濁而不清日元丙火經此尅泄又安堇其地位鞏固耶妙在亥中藏甲印綬逢生聊可補身弱於萬一所喜重見火比更透木印我得從容而勝任尅洩矣。

丁日寅月

（庚子時）丁火柔中內性昭融誕於春初木旺火相丁火不旺自旺時庚雞可劈甲乃以坐下子水庚金之氣被洩。

（辛丑時）丁誕寅月木旺火相日元生旺時逢辛丑財星得庫辛財雖亦可用不如庚金為佳綠劈甲必以陽金為宜辛較不逮但時丑為生財之神得力亦深。

（壬寅時）月時兩逢寅木長生木火之氣極旺印比通根丁力自強時干一點壬水尅丁適成化木。惟須天干透木。

復有水以生之化木乃眞既成化。

（癸卯時）寅卯氣成東方印星得地丁火之力自強時干一癸透出坐下卯位水氣盡泄於木七殺虛露要有金水相濟方爲上格。

（甲辰時）時干甲木餘氣於辰月提寅木見辰又會東方木多有塞火之患則以印多爲病須有金財用神在金忌水來泄一見旺水則以官殺爲用徒貴而不富。

（乙巳時）日元丁火得祿於巳長生於寅時干又見木印木火氣壯身旺太過春丁以金財爲眞神見之爲宜。而又有土斯更可寶。

（丙午時）寅午半會火局時干丙剋幫身木火同來更無須再見甲木甲來生機反成死機水爲唯一需要之神況火旺以水爲眞神此即身旺用殺之謂也水如不足金財尤不可少。

（丁未時）兩丁並列天干未中印比深藏而月提又來寅木木火登登身旺槪可想見辛時支之未亦可以泄旺火之氣喜有金水相助則土不燥火不炎木獲滋潤矣。

（戊申時）月時寅申一冲所藏之神盡傷印却根損日元丁火自弱時干一戊又泄丁之氣獨喜甲印之生扶刧比之爲助。如重來七金之神一派傷財肆逞吾身不將消滅耶。

（己酉時）丁日寅提寅逢己酉財星借食而強身財兩停如食傷屢見雖可生金却又病於泄丁矣。故喜金透天干土祗少數此而用財其財乃眞。

（庚戌時）日元丁火得庫於戌生於寅寅戌有拱火之情木火得地通根妙在時透庚財可以破寅木之印惟庚金坐下戌土不如辰丑生金之有情既木火之氣偏於陽壯尤喜見水以潤澤。

（辛亥時）丁火通根於寅亥合而氣全於印火有木助益見昭融亥中一點壬水因被甲泄而轉弱得時干辛金而又轉旺自當以壬官爲用土爲傷水之神宜少見之

丁日卯月

（庚子時）二月卯乙司令木旺有塞火之象丁日卯提印綬幫身時支坐下子水明爲子卯相刑實係水來生木殺化爲印妙在水木火一氣相生得純粹時干庚金財星更見獨發而淸衡之輕寅自當以庚財爲用

（辛丑時）丁日卯提身印兩旺時逢辛丑金財賴土而有力丑中一點癸水可以潤木之燥如有甲丙再來獨防去土合辛是名連絆用神故若用在辛財豈獨冲之爲凶令亦忌見

（壬寅時）丁火見寅卯印却得地有根時干一點壬水泄之於木不能成立金局氣勢偏於木印宜有金財破印格取君賴臣生如重逢木火之神而不見金財者則成母慈滅子之象矣

（癸卯時）日元丁火得兩卯印助而生旺時干一發水到卯宮必傷身旺原專水之官殺乃以木印之泄似未能贊然用之所喜金水同來生助官殺大用於是乎成

（甲辰時）丁見卯辰東方印又透於時干時支坐下辰土旺火賴以泄之柱中金不可少蓋木旺必賴金裁方成棟樑之用一見水透天干金泄於水當襄金而用水矣

（乙巳時）時干月提乙印得祿日元丁火又復得助於巳印却兩旺身弱不言而喻二月丁火氣勢旣壯病於太燥必須有水潤澤則陽氣降爲溼潤得以濟中異水爲印愁用殺異金殺印愁用時

（丙午時）日元丁火得祿於午時干丙火坐印於卯三火一木必從火之勢論格局已成專旺再來木火亦佳如見庚辛之金透水方可用財見土取食傷生財

（丁未時）卯未半會木局兩丁餘氣於未火賴木助氣勢益壯時支一點未土原可泄火以卯未會而土性失眞滴天髓云出門要向天涯游何事裙釵意留是卯木乃裙釵之類也最喜金財透干卽是眞神發露用之大貴

（戊申時）月卯時申名謂乙妹娶庚■庚有暗合之情也時干戊土又來生金昊金重而火弱也須有木印生身

一方面又可去土，一舉而兩得用之最為上策。

（己酉時）日元丁火悉賴月提卯印以存，而時支酉金見己生而益壯全力沖卯。卯不動而自動因之身主失輔助之神矣，必須支見寅午巳未等字，以補救之弱火始可復明，然後再議用官用財。

（庚戌時）丁火日元坐印於卯，得庫於戌蒂固根深時庚有戌中戊辛之助，財亦有氣身巳健朗用庚財喜再有土生。

（辛亥時）時干辛金泄於亥亥中壬水泄於卯木，木又歸生日元由是金水木火生生不已中無隔閡之神可謂清淨亥卯會木而印旺乃以亥藏濕壬難發丁火之燄須有丙丁巳午之火以實之水遂得為我用矣。

丁日辰月

（庚子時）三月戊土司令丁火之氣受洩月辰時子半會化傷篇殺丁火居於水地衰弱可知而時干庚金又來生水理宜支坐寅卯巳午等字先強其身，水病再以土來除之。

（辛丑時）丁火坐下辰丑傷食皆旺辰中乙印助身力微丑中辛癸同藏時干辛金歸庫身不敵財遠矣喜甲印透干以引丁火比去財以益身。

（壬寅時）日元丁火時支寅木印比根深而有情時干壬水見辰庫於月提官星之勢亦旺丁壬一合以身主健朗合之反佳是名官來就我春末丁火原以土實為病甲木為藥今以土藏不露兼得水木相輔格局清純。

（癸卯時）丁火日元坐下卯辰東方之氣時干癸水通根辰庫其身足以任殺柱中再見庚辛之財以生偏官尤覺天衣無縫矣。

（甲辰時）丁日辰提洩火之氣時又逢辰傷官暗旺三月丁火最忌土氣眾多時干一甲高透坐下兩辰餘氣足以疏此旺土是甲印不惟有疏土之功抑且可以助丁之燄妙哉妙哉

八字提要　丁日巳月　　五六

（乙巳時）丁火日元得旺於巳。戴得三比之力尤強。時干乙印又來生丁。以言身主可謂氣充神足。月提辰土傷官。

秀氣流行所喜金財來於干支取傷官生財季春丁火總以財爲眞神

（丙午時）天干丙丁兩見時午爲丙之刃。地支丁之祿地衰火轉旺。妙在月提辰土培藏一點癸水濕土可以納火。是

謂秀氣流行惟火土傷官之格總喜金水和潤。如柱中金水齊露方可用水否則惟有用土爲愈

（丁未時）時干一比幫身未中木火兩藏丁元不孤但辰未食傷洩火其力非尠喜有甲印去土然後再來金水財

官得爲我用矣

（戊申時）丁日辰提土旺火衰時逢戊申又來土金財多身弱概可想見。柱中如無木火相助復見厚土重來可作

從兒格論命從兒喜金財是爲兒又生兒

（己酉時）辰酉六合時己又來生金日元丁火孤立非有火比爲助焉能去此旺財大凡財多身弱獨喜比刼之神。

須要我身康健其財讓我指揮否則終被他人覬覦也。如見木印去土亦保身之一法

（庚戌時）辰戌皆土遇之必冲他神冲之愈旺時干庚金因支土旺而金亦轉旺日元之丁僅一戌

庫爲根誠星星無餘之火也理宜支中有帶火之木有透干之刼比以助之否則終被土金撲滅也

（辛亥時）辰中藏乙亥中藏甲兩印助丁。丁根深矣。不知辰亥均帶水其性至濕不足以生此丁火必須有帶火之

木如寅卯同來方能全其火之生氣時辛氣總於水更喜有土傷以制官

丁日巳月

（庚子時）四月丁火氣勢轉炎時逢庚子庚雖長生於巳以巳坐火位金未能用且庚又洩之於子水是壯殺星之

氣喜有壬水透干以解火炎或土露生金敉全財星

（辛丑時）地支巳丑時干辛金高透拱金之局轉成會金之局日元丁火雖坐下月提之巳因會而失火之大用頓

成身輕財弱之象理宜有甲木透出干頭助長火之氣勢然後再見壬水洩金之氣自然五行勻停矣

（壬寅時）丁火得祿於巳長生於寅印却同來火勢轉炎時干壬水無根見寅則洩身印太旺如丙火再透名為丙
奪丁光喜有水以助官或金以生官

（癸卯時）丁火有月提巳火之助時干卯印之生生旺可知時干一癸又洩之於木水木火生生不已氣勢極清
乃因火力太壯燥潤不足喜有金水得地通根以為調劑

（甲辰時）丁日巳提夏火通根時干一申引火之力尤強莘喜時支辰土收旺火之氣蕾云太旺宜洩此之謂也更
喜再見金來格取食傷生財如柱中乏金單用土洩亦可

（乙巳時）月時兩巳助丁之力極強時干乙印又來助火木火通明之象巳成所喜有金透干用之為財但木火乘
旺如無金財又無水濟可作炎上格論命

（丙午時）丁火得祿於午丙火又坐祿於巳丙丁上下交祿其勢炎炎難過自當順其旺火之氣喜土洩之土金同
來尤妙獨不宜再見壬癸之水以激之瀾天體云暖之至者反以無寒為美其言深有味也

（丁未時）巳未拱而時透丁火巳成南方一氣若論其象竟與夏丙無異一神獨旺自當順其情不畏木印之再生
如干支再來甲乙寅卯格取炎上為宜土洩有激金來無傷有體用也

（戊申時）巳申六合不同三會成局之易變其性故月巳仍不失助丁之功時申仍能全其財用惟申中藏壬財有
洩於官時干戊土通根於巳重而晦火所喜甲印高透引生丁鈇

（己酉時）巳酉會金己土生金金黨而旺日元丁火弱矣柱中以金旺為病不知夏火見金祇身稍弱而金成方局
時反可作火金叠叠格論命惟須有一二點水以濟方稱佳格

（庚戌時）丁火得巳助戌庫庚金長生於巳餘氣於戌身財兩旺火金氣勢相峙得有戌土以和之並不以此為病
所病者土金太燥所謂火炎土燥須有水來潤之

八　字　提　要　丁日巳月

（辛亥時）巳亥一冲藏神皆傷欲以巳中丙火為助則丙失其力欲以亥中甲木印綬來生則印失其功因之日元丁火遠嗣強轉為弱時干一辛財亦不真際此情形宜有火比木印方顯精神

丁日午月

（庚子時）五月丁火氣勢愈旺建祿成格丁以甲為良友獨於五月丁火以其炎威莫當不宜亂用甲木專以壬癸解炎為需要時逢庚子潤水見金而有源足以全夏丁之生土來有晦火之光明兼有塞水障礙故以少見為妙

（辛丑時）夏火以仲夏為最旺此由於天時使然也時逢辛丑財星得庫兼有丑中一點癸水旺火賴以調濟惟以庫中之水總覺氣濁力微不如透干之為清喜有一壬高透用之自更可喜如水太多則甲印為貴格取官印相生

（壬寅時）丁火得祿於午生於寅寅午半會印化為刼時干一點壬水泄於木木旺再來生火柱以身主堅強時壬又嫌無根成為虛官之象故須有金生水以暢其源或地支亥子同來方可以官為用土係去水之神不見為是

（癸卯時）午為丁祿卯為丁印祿印兩見月時身主健朗極矣時干一點癸水七殺獨發而清惟以水不通根又無財之相生為露之法自宜有申亥等字以全其財官之氣水火功成既濟矣

（甲辰時）午火之氣泄於辰時甲又來生身又泄而復生身主猶旺辰中癸水七殺以藏庫而未能盡殺之用書云財星喜藏官殺喜露故須透之干頭為貴斯時火炎水涸獨殺嫌不足如有金來相助方可源遠流長

（乙巳時）巳午氣成南方時乙洩之於火木燥火炎宜以潤澤為先仲夏丁火用神不離壬癸之水今柱中以火烈為病故見水最宜如有辰丑濕土之泄火尤妙

（丙午時）月令建祿時支又逢歸祿加以一刼透干若是餘柱無金水作從旺論否則大忌木火大宜金水及濕土

而未戌不如丑辰。酉不如申。子不如亥。

（丁未時）　丁火兩排午未六合干支陽火疊見氣勢偏而不和。時支未土有洩丁火之光柱中氣勢多陰須有甲印爲輔始收陰陽承鵲之功。壬癸之水更宜多。如官殺無氣又宜庚辛生之。

（戊申時）　丁火見午則身旺申金有戊則財旺柱中身財兩停財爲我用申中壬水原可洩財之氣乃以戊臨干頭。暗中有制壬之功所謹水勿透干我得全其財以用之也。

（己酉時）　日元丁火。臨官於月提之午其健旺可知時逢己酉食財相生有情以得祿之丁與夫土生之金身財適之大用柱中火土金順而不悖可作傷官生財一見水來。遂棄財用殺。

（庚戌時）　丁日火提建祿之格時支一戌會午身旺極矣時干一庚以坐下火位金�轉脆喜有濕土之生遂全財得兩停如柱中加以木火當以財爲用如偏旺於財當以木火爲用喜忌不可執一須配合以定之。

（辛亥時）　丁日午提建祿之格時逢辛亥月午以有亥水之隔不能損時干之金但欲以辛財爲用勢又未能盡用辛而有亥泄也故用財須有食傷之士用官須有申酉等字。

丁日未月

（庚子時）　未月丁火陰柔氣弱已成強弩之末時逢庚子狀似七殺根伏實則殺爲未制庚財雖泄於子有土氣又轉生時屆夏末丁力旣弱固不可無甲以引助或劫比以資之

（辛丑時）　丁日坐下未丑食重量等作傷官六月火衰七旺丁火獨恩其泄時干辛金得庫於丑財星不弱惟不能爲我所用柱中火力不足與喜甲印生之復有一庚以佐之此庚金劈甲引丁之說也丁火無甲則無所附麗甲木無庚無所發揮此係理外之理六月丁火應作如是觀也

（壬寅時）　丁火臨於未提火之餘氣也時支一寅刦印祿生之地也日元因之轉旺時干壬水官星本清乃以坐下

寅木病地徒然見木而泄其為無輔之孤官明矣。須有得地之金水為助使其身官兩旺始美。

（癸卯時）：卯未會木食化為印去忌存喜日元賴印為旺時干一癸泄於卯亦是殺印相生之象惟身旺之造自不宜以印化殺獨喜財來滋殺故水弱得水助固佳如有金財滋殺尤妙。

（甲辰時）：丁未甲辰印比兩得餘氣而未辰皆土泄丁而丁忒喜其時干透甲旺土得制弱火得生有病有藥不偏不倚最喜有庚再透遂成劈甲引丁之大用所以六月丁火不忌財印交錯也

（乙巳時）：時干乙木印綬泄之於巳而巳火劫財又復泄之於未身身印似旺非旺且不問其身旺傷旺僅以火炎土燥論之柱中須有壬癸之水潤澤方能恢復全局之病此亦調候之神論命當先顧及之

（丙午時）：丁火日元時逢午歸祿成格時干丙火又來生身而月提未土與時午六合滿盤炎上惜在夏末見水須防火激見金須防金鎔欲使其體用不礙惟喜有土以泄之耳

（丁未時）：天干兩丁地支兩未日元之氣勢極旺惟時坐下兩土有晦火之光輝又以土燥為病自應有水以潤之且乙丁氣皆屬陰甲木豈可無之不以甲木來引見之乃是上格

（戊申時）：丁火日元提未伏藏乙丁衰火賴一庫中印比以生但月未時戊傷官之氣究旺時支申金藉土生而更強仍以身弱財旺實難負荷自喜甲丙同來助身得以兩均

（己酉時）：丁日未提生力弱而洩力強蓋土正當令丁火怯寺時干己土坐下時支酉金食神旺而生財柱中一點比印之根自難任此食財如再見疊疊之土兼獲透干之金火土金三神成象當順其土金之氣以從兒格論否則仍喜木火幫身

（庚戌時）：時戌為丁火之庫提未為丁火餘氣丁有衰而不窮之象季夏土正乘權戌未相刑其土愈實時干庚金因土旺而金亦加強身財並美惟以氣勢枯燥須有水以潤澤則余局呈中和之象矣

（辛亥時）：日元丁火以月未時亥之會木弱而不弱亥中官印雙清兼有時干辛財之生可謂氣協情和矣如用官。

以透干為真戊己之神不可見見則棄官而用財。

丁日申月

〔庚子時〕　三秋丁火退氣柔弱。喜有甲木為生身之本庚透時干旺財得祿時支一點子水遇申而會財化為官而時干之庚見水亦情戀於水矣金水兩旺日元孤虛如再見金水當棄其歇滅之身而從官殺否則喜見比而

〔辛丑時〕　日元丁火孤立月時丑申時干又辛食財之勢一致團結如有木火之神則不患其傷財之猖狂既無印助又無刧比之幫身乃以從財為斷。

〔壬寅時〕　丁火日元時支寅木轉衰為旺書云。如有甲木可秋可冬足徵秋火唯甲印是賴乃以月提申金見寅必冲旺者冲衰者自拔所喜一壬透干財化官而官仍生印又接引日元時壬調解兩仇自可取用

〔癸卯時〕　丁日時干乙木再生木火氣貫我身旺矣月提申金秉令財星適為我用書云官星露而財宜藏有以也此乃中和為貴之造不論逢生遇剋終是危險不渉。

　　驕喜有木火助身方得任用財殺

〔甲辰時〕　丁日申提財星秉令而旺時支辰土泄火生金時甲雖可幫身乃虛露無力大凡所喜之神必欲通根得地方佳否則效力幾等於零傷財兩旺自不宜再見干頭地支有巳午寅卯等字則我身不強自強矣

〔乙巳時〕　丁火時下巳刧時干乙木貫我身旺矣月提申金秉令財星適為我用書云官宜露而財宜

〔丙午時〕　丁火歸祿於時支之午見刧於干丙陰火氣轉生旺火氣衰絕之時全恃刧比多助月提申金秉令財星極真而申藏一壬亦可調濟火之精神喜一金再透用財愈見清純

〔丁未時〕　時未為丁火餘氣再一比透干火力乃強月提申金以有未土而財星更真書云秋丁最喜甲引又喜庚劈之甲庚而見乙木者以枯草引燈喻之故此造身雖不弱有庚甲兩字則更佳矣

八字提要　丁日酉月

六二

（戊申時）　月時兩申財星祿旺時干一戊傷官又來生金而日元丁火既少劫比之助又乏印綬之生其勢孤立如再見金財得局成方應以從財論矣

（己酉時）　日元孤立衰弱極矣酉申皆金時維七月金旺以如許旺財之肆逞我身其能任之乎如柱中不見比印之神從財乃眞否則終爲身弱財多之象

（庚戌時）　丁火坐庫於戌庚財得祿於申以旺而與衰火較其輕重相去遠甚秋丁以甲木爲一需要之神又爲助身不可或缺之物總宜通根透干丙火劫財亦應柱中頻見蓋有借丙暖金晒甲之句蓋專以秋丁而言也

（辛亥時）　柱中金水並見財泄而殺旺一丁虛露全恃亥甲相助其火力亦云微矣況亥中之甲乃係帶水之木性濕而難以引丁八字以水旺爲病自以土來爲宜而身弱則喜有火爲助甲透引丁更佳

丁日酉月

（庚子時）　丁日酉月衰絕之火不離乎甲丙時逢庚子庚金財星得子水見金則羅而致之而金亦情戀於水金水威脅日元太過財旺須有劫以收之官旺宜見印以化之故欲去其病非木火兩見不爲功

（辛丑時）　酉丑半會金局辛金又透時干銳銳秋金生旺極矣日元丁火孤立被旺金包圍其爲財多身弱明矣須有重丙丁之神得地通根遂成劍戟之功此係一神一用之法財旺別無他用也

（壬寅時）　丁日而時支寅位子印同宮月提酉財藏而氣眞時干壬水正官既來就我又來生印不問其就我乎生印乎要皆官清印正之命用神在時支之寅金財忌見土能生金亦弗喜

（癸卯時）　月時卯酉一冲印根被傷日元丁火以印傷爲喜有甲寅丙午等字以充實身主時干癸水七殺木不受水之氣反得月酉之生轉成殺重身輕自喜有甲寅丙午等字以充實身主

（甲辰時）　辰酉六合之說即土來生金之謂時干甲印以坐下辰土餘氣足以助身之旺惟身根邊微須有劫比爲

助。其身自強水宜少見多則有損丁光。金來全劈甲之功格局更為美矣。

（乙巳時）日元丁火臨官於巳時干乙木又得生身之功印却兩見身主可謂朗健矣不知巳酉半會化却為財此係無情之會而日元則旺轉為衰再見金水則木印火比萬不可少。

（丙午時）丁日午時歸祿成格時丙高透火力乃強月提酉金雖在司令之候以干支皆火金鎔化財弱須有土以生之不惟生助金財抑可通火金之氣

（丁未時）天干兩比紮聚於時支未土未中乙印又來生助日元月提酉金為財以有疊火所制金氣不免有損柱中火旺金衰喜有透干之金財為助更喜辰丑之土以補莒其財如見壬癸雜出當棄財而用官殺

（戊申時）申酉氣秉西方財星黨衆而旺時干戊土輾轉又來生金而日元丁火虛立何能任此旺財金旺獨喜却比戊透又喜甲無印疏其金土之氣將成從財可也

（己酉時）月時兩酉財星得時秉令干一己食神氣總於財而日元丁火既無幫身之比却又無生火之木印為主衰弱極矣。今既丁火念無根故喜甲丙兩神祇須得地通根不必定要透干祇要衰而不窮不必旺同於丙此陰火獨具之性質也。

（庚戌時）日元丁火生於金旺之酉月秋丁氣勢熄減縱刼印重來本身亦難榮健旺今以金財獨旺有甲高透借庚劈甲引丁方成印之妙用而有起死回生之功

（辛亥時）辛金通根於酉見金水雙清財官兩旺日元丁火少見比却之助全恃亥中甲印之生總以帶水濕木兼之未透天干印力至為微弱官再見甲以補之更不可無雷火以扶之

丁日戌月

（庚子時）九月土旺秉令丁火之氣蕪泄於土戊中一點丁火微乎其微時逢庚子財洩於殺而戊土制殺水亦受

八字提要　丁日戌月

傷官柱中喜甲印透干則土病去多木火幫身則我身健而可任財殺

(辛丑時)　月戌時丑戌刑出辛金辛又有濕土之生財氣充沛而日元丁火斷難任旱旺財以本身屢弱非甲引丙劫之得地相助便爲下命

(壬寅時)　寅戌拱火日元根深戌雖當令之土見寅土氣愛怯而寅中甲印丙劫大有推之不移之勢時干一壬氣泄於寅水泄則木愈旺所喜金財高透身強用財明矣

(癸卯時)　丁火坐庫於戌坐印於卯秋丁本衰黨衆亦旺時干一點癸殺見卯則泄所謂水到卯宮傷也用之神柱中見之乃佳此係食傷生財

(甲辰時)　月戌時辰雜氣逢冲則愈旺而戌中一點丁火不免爲辰中癸水所傷丁比有損日元自弱妙有甲印透干坐下辰土餘氣印綬得根即可引生衰丁滴天髓云如有嫡母可秋可冬如地支復見寅巳等字尤屬蔕固根深矣

(乙巳時)　日元丁火時逢乙巳木火同來丁火旣有劫印之助其身自旺喜巳戌中土金透干時居深秋固不欲水多制火但一二藏支濕潤亦不可或缺也

(丙午時)　丁火歸祿於午午戌半會丙又透干柱中火勢疊疊九月丁火雖多劫比之助不作炎上格論乃以火勢旺則易燥必要水來解炎金來發水用之財官爲貴

(丁未時)　戌未相刑火土之勢愈烈日元兩丁氣泄於土局中傷官傷盡命書傳爲美格不知火土過於燥烈生機不無窒礙總須有水來調濟金來生水去其偏燥爲宜

(戊申時)　日元丁火生於戌月時干戊土高透傷身衰之象時支申金戊又生之土金瑣泄火光晦矣際此情形非有甲木來疏終未能添火之燄一見木印再見庚財財印兩全可以用庚劈甲而引丁火斯爲美矣

(己酉時)　酉戌氣兼西方時己又來生金財星黨衆而日元丁火僅恃戌庫以存不無身弱財多之病印綬生身固

六四

最為親切。還須木火同臨日主方妙。

（庚戌時）月時兩戌土燥土也日坐兩庫微火也時干庚金財星也丁微土燥金脆為病喜有木來生火金來泄土水來洗金為妙有木可以時庚為用乏木必須火比為助。

（辛亥時）時逢辛亥金水之氣流通亥藏一甲丁火之氣歸旺但月令坐下戌土見亥則官星受傷地支須有木來制土以護官或金來泄土以生官然後官星乃清而木印亦藉之得根矣。

丁日亥月

（庚子時）三冬火氣已絕陰柔之丁欲其火勢融融非甲無所附麗丁日亥提官印兩旺時逢庚子財官之氣益強。

（辛丑時）亥丑氣類北方時辛又來生水寒金濕派丁火生機受困亥中甲印以帶水之木未能引火之燄須有土以制之去水方全火生如柱中僅七無木反成尅泄交加之象矣。

（壬寅時）丁日亥提水旺火衰時值寅位火氣轉強寅中丙生甲祿丁火如子得母愛謹有人矣時干一壬高透通根於亥官星極清惟以氣勢太寒引以為用如再見金透土來方可貴否則仍以甲木化水為尊。

（癸卯時）亥卯半會木局時癸殺化為印惟卯有癸水之生亥甲有亥水之藝木濕焉能助丁之氣故木印未必皆能生火須視其得用與否冬丁喜有帶火之木方能發丁之光如甲實等字書云如有嫡母可

（甲辰時）丁日亥提火畏寒氣之緯東時干一甲長生於亥餘氣於辰正可引丁之燄初冬丁火得甲引則固美但火之劫比萬不可缺須有火比同來其氣方充否則單見木印為助氣勢仍欠充沛。

（乙巳時）丁旺於巳乙印又來生身莞之身主健全不知月提坐亥遇巳則冲竟使巳火根拔日元旺轉為衰所喜

八　字　提　要　　丁日子月

六六

有亥中甲木接引水火之氣聊可補救於萬一所喜有甲透干卻比重臨地支丁力自然發煌矣。

(丙午時) 丁祿於午丙劫再幫身日元之氣極旺月提亥水所藏壬甲官清印正惟官星泄於印水勢有欠精神喜金來透干用在財旺生官如金水多旦用土制之殺化爲權

(丁未時) 亥未有拱木之情印星氣結爲旺時日丁火又復通根於未可謂印比得根月提亥水官藏不露且又泄於印難亦可用不如壬水透出爲清如見叠叠戊己制住水官常作火土傷官論

(戊申時) 日元丁火全賴亥中一點甲印以存申亥中藏壬水庚金亦可汜濫幸時干戊土去水之病惟日元患對泄喜木印化殺火刦助身以全身主之氣

(己酉時) 己酉在時亥水在提土金水層層相生流到水方爲止故以水殺獨旺爲忌日元丁火儹恃藏支甲印爲助乃患衰旺均故喜寅午等印比塤檁身健而用殺方眞。

(庚戌時) 地支官傷亦喜土水之氣未協妙有庚財轉生損之又復益之官星尚不爲病日元丁火僅得時支戌庫。身主欠強即官清亦難爲用須先印刦幫身印尤可愛

(辛亥時) 丁日亥提官泄於印時逢辛亥水地支兩亥太印似可爲丁火之根不知木濕而寒難發丁火之燄以旺水爲病須有帶火之土去其寒濕或透干甲丙助之自然藥到病除矣

丁日子月

(庚子時) 丁誕子月嚴寒凜冽水歸冬旺有困丁火月時兩子七殺熱導一庚透時徒增寒水之凍日元丁火樂被旺水熄滅景其病則在水矣去病之法莫如用木泄水之氣用些火之土以塞水之源我身遂得生成

(辛丑時) 丁日子提水旺火衰時逢辛丑金寒水冷之氣仲冬丁火微弱最怕歸旺得垣之水爲之漫溢際此水旺火熄之時非有得地之厚土不能挽狂瀾於既倒尤喜印比雙透方可轉達情和

八字提要　丁日子月

（壬寅時）丁日子提水旺火弱時干一壬坐下月提子刃官星之氣純以火不勝水官清未能為用專其時支寅未寅中甲祿丙生不惟有令日元之生抑可以泄旺水之氣冬丁以寅為嫡母見之最為親切苟有巳戌等字再來壬官又何害於我乎

（癸卯時）丁火見印於時卯時癸得祿於提子殺以透干為旺遇卯則泄之於印惟以卯木見水則濕不足以引生衰丁須有得地之丙透干之丙則寒水之氣漸消而木火自得鞏固矣

（甲辰時）子辰半會濕辰轉化為殺冬丁困於旺水雖時透甲印以火根滋遍生火之力不足故喜劫比多見培養火之元氣再夾庚財相濟則成用庚劈甲引丁之局矣如有壬癸透干七之食傷不可少

（乙巳時）丁生子提寒火見水不發時元印劫同來丁力弱轉為強月提之子遇火而暖冬丁以水旺為病病其寒也柱固有火即用之水殺亦未始不可如壬癸頻透天干丁則非有土制不能化權

（丙午時）子午一冲旺起而衰拔日元丁火賴午火為根冲則根傾時干丙火刦財助丁有莫大之功乃以午支不穩仍作身弱看須有寅巳等字見於地支方宜然後再見庚壬財官亦非所忌矣

（丁未時）丁火通根於未時干丁比幫身身主弱而不弱月提子水與時支未土不無食殺交戰之象仲冬丁火每以水神為病有土為藥不知水透宜有土制得有丙甲庚壬相濟尤妙

（戊申時）申子氣歸北方日元丁火臨於刦地也時干戊土雖有制水之功而坐下申位反來增財旺之勢財旺轉來生官是制之未能以尅冲兩見為病印比重見方佳

（己酉時）月提子水尅制丁火時下酉金有戀水之情而時干己土不惟不能制水抑且助金而生水土金水相生其重心固在於水以孤立之丁不將有損減之虞乎如干支印比比絕我當順其金水之情而以從殺格論之

（庚戌時）丁火時戊日元僅可言得根火氣仍弱月提子水憚時戊之制是戊土誠護火之神也無如天干透庚未

能盡財之用反有損丁之咎甲係丁之嫡母巳寅為護身之寶柱中豈可無之耶

（辛亥時）亥子氣金北方時辛辛財生殺水勢偏於一方寒火氣怯而弱大喜却比疊見復有甲印透干以全日元精神舊云冬丁有甲不怕水多為其印能化殺也不怕金多庚金劈甲為其功成反生也亦喜齊來。

丁日丑月

（庚子時）十二月丁火位居養地其氣醞釀有乘時待旺之象月提丑土丑中辛癸同宮金水之氣偏旺於土時逢庚子子丑成北方一氣丁火為水所困微弱極矣甲印為救丁之正用且為泄水之真神尤宜多見為佳巳午却比

（辛丑時）日元丁火孤立時辛兩歸丑土是名財星得庫丑中辛癸同宮金水之氣偏旺但以丑土兩見水濁不清。

（壬寅時）丁火氣泄於月提丑土而時壬化木未成妙在時支寅木丁火遂以通根舊云支有寅木冬生徒成濕泥之象既以土金水為病又不能從財殺惟以火比木印多多益善

（癸卯時）癸水七殺之氣洩於卯而丑被卯木所制卯中乙木雖柔可以刲羊解牛日元丁火賴時支一印有衰而不竭之象惟乙為陰木濕不如甲木引丁之有力再見庚財高透格局臻於全美矣

（甲辰時）時甲引丁為喜辰丑泄火為忌去病莫如得寅則可去其寒濕之土而生垂絕之火如柱中疊逢木印祇不懼水如見土而又復見金應以食神生財為用要金財得所反成有用之材土多可作食傷生財格論

（乙巳時）巳丑拱金並非似巳酉或酉丑之會所以時支巳火仍不失其火之煖氣而時干一木被火迴而近之身旺可知月提丑土妙在辛癸兩藏財殺有氣如水木兩透我得捨印而用殺矣

（丙午時）丁火日元得祿於午時干丙火又適見刃於午身主可謂旺矣月令丑土妙在金水濕潤可泄旺火之氣

如有金透干頭用在土金格取食神生財。如壬水得見水火之情通矣當以用官爲貴。

（丁未時）丑未一冲土以冲而愈旺兩丁通根於未本身亦云有根如四柱多見辰戌丑未等字是名聚庫衹要我兒又生兒如從兒不成徒見一派土者用甲疏之可也。

戊日寅月

（戊申時）月令丑土傾戊申乃身弱傷旺之象日元丁火幾如一燈之已成餘燼非添以膏油爲望復明木印爲丁之嫡母柱中豈可無之有木則土病自去烏主自旺如乏印而有水雜出土水混濁難清其爲下命必矣。

（己酉時）酉丑會局時己生金財有食助氣通門戶日元丁火孤立終爲土金所困財旺之造原喜劫比爲助是名一神一用乃以冬丁氣弱兼有己丑兩土之泄甲木才要於火比況丁火獨專甲引火其才女爲者也。

（庚戌時）丑戌皆土一庚獨透時干土來生金惟財獨旺丁火力弱不能任財愈宜有甲木透干遂成庚甲劈引之用既以比肩太少扶陽未成巳午重來最妙。

（辛亥時）時逢辛亥金水同來月提丑土水旺則蕩日元丁火幾被金水包圍如再見財殺之神則成水旺火滅之象仍以木印火劫爲最要之神。

戊日寅月

（壬子時）五行之土散在於辰戌丑未四維之月。非似金水木火有專旺之時正月戊土位臨長生之地寅中藏丙暖土甲木生火寒土氣旺而實時逢壬子財星藉餘氣而轉旺初春戊土畏寒故不喜金之傷官增水財之勢如金水同來土以制之乃佳。

（癸丑時）戊日寅提甲丙兩旺時逢癸丑水財得庫而有根初春戊土用固不離水潤惟喜藏而不露多見防七瀆之虞丙透則氣暖而和土重賴木以疏。

（甲寅時）戊土日元月時寅木長生土氣尚旺時干甲木又復兩坐寅祿七殺之氣旺甚有木重土傾之象喜寅中

藏丙火化殺生身書云。眾殺猖狂一仁可化仁者。丙火之印也柱中木火土三神氣勢偏燥支有一二點水以潤之方全暖潤疏闢之功。

（乙卯時）寅卯氣歸東方。時干乙官坐祿春木原屬當令日元戊土雖長生於寅亦難敵其旺殺喜火印透干木從火化否則須有金以制木剋傷官駕殺

（丙辰時）戊土得比於時支之辰兼有月提寅藏印比之生土氣虛轉爲旺時干丙火透自寅提更是興旺之象辰中癸水居庫財印不相冲突而反全潤土之功氣秉純和五行中任何不忌

（丁巳時）寅巳兩丙藏支時干丁又高透印綬偏印初春戊土本以火煖爲先決問題但過煖又嫌尤燥有失滋生萬物之功故喜水來潤澤如柱水氣微則喜金來助水遂成食傷生財之格

（戊午時）日元戊土生於寅見刃於午會半局之火土殺化印以生身時干戊土比高透又來助身書云土散則輕土聚則滯此以滯字爲病喜有金以泄之水以疏之

（己未時）日元戊土坐於寅木長生時干戊土坐祿月提寅有己未兩刼七氣健旺書云土散有甲以助之既有木爲救星切忌見金無木則喜有金以化土

（庚申時）月提時支寅申互冲則金木之氣逸散食殺兩失其用時干庚金坐祿亦以冲而無根喜有午戌合寅金申則仍喜比印爲助

（辛酉時）戊土長生於寅提時逢辛酉傷官坐祿秀氣發越春土固以暖潤疏闢爲貴不離丙甲癸三神如三者未全必使有以全之三者已全更當視其孰爲親切擇一以用之身弱獨喜火印身旺財殺泄之可也。

（壬戌時）時支戌土爲日元旺之神月提寅木又屬土之長生時干一壬爲財以坐下戌土大有去財之嫌喜支見子亥等字以全水之精神自當取財爲用如見金以流通比財之氣者尤爲可貴

（癸亥時）寅亥六合助長七殺之勢時逢癸亥。財來殺勢愈旺日元戊土雖有寅中丙戊印比之助究不敵於財殺。是殺重身輕明矣去殺之肆逞原以食傷爲美但此造見金既不能制殺抑且生財以助殺故非用火印化殺生身不可。

戊日卯月

（壬子時）二月戊土受尅之鄉不逢寅月爲旺相戊誕卯提官星秉令時逢壬子財星之力亦強財官皆清惟日元過弱喜有火土比印爲助身健方可任官

（癸丑時）時支丑土刦財被提卯制之殆盡所謂乙木雖柔刲羊解牛丑中辛癸相生暗助時干癸財則財透而且清日元戊土衰弱難任其財喜有辰戌之土聚以扶之丙丁之印燠以暖之身主未臻堅固而獨見食財並來能不爲身弱財多者幾希

（甲寅時）寅卯官殺相混。時殺又透干頭。此係殺從官勢非爲混也日元戊土僅恃寅中丙殺戊比身不敵殺須有干透之印化殺生身爲美木土皆燥還需一二點水以潤澤

（乙卯時）乙木官星月時兩逢祿地日元戊土虛弱尝堪旺木之尅而有傾陷之虞矣喜有土比火印生扶方得官身兩停否則一派水木之神可作成象之從殺論（官多作殺）

（丙辰時）戊日辰時比肩幫身而有根時干丙印得卯生而官印相隨極盡官清印正之妙木火土氣勢順粹一清到底喜有水藏支而官之原神透出格成財星生官如土金雜出則濁而不清矣

（丁巳時）時逢丁巳印星得地而旺日元戊土見巳爲歸祿月令一點卯木官星清淨身旺自可以官爲用惟卯木見印則氣泄喜水財生官方令是名孤官無輔

（戊午時）日時兩戊並列氣聚午刃身主之健可知月令卯木官星其情戀於午火轉添印綬之旺官印比轉輾相

八字撮要　戊日辰月

生一氣呵成亦是清淨惟時值木火氣壯調候尤爲重要。須有水財通根則木不燥火不烈。土可發生萬物矣。

（己未時）　戊土日元誕於卯月土氣休囚時逢己未有兩刼助身弱助身爲旺不知卯未半會木局比肩化官遂成土

木交戰之象喜年月有丙丁通官比之氣而成官印身一順相生土少濕潤略喜水來調候

（庚申時）　戊生卯月其氣正衰時爲庚申食神有氣卯木見申暗合官星有所牽絆此以身輕食重爲病須有得地

透干之土焉見印以去卯以護身也

（辛酉時）　卯酉逢冲有謂金刼木而非木刼金此條辛癸金氣得祿卯木賞令

乘權兩相冲勤無所軒輊則金木之本氣皆傷日元戊土旣有旺木之刼復見金傷之泄可謂弱矣唯喜火印化

木制金生身一字可有三用

見木成方局作從殺格論。

（壬戌時）　戊日戌時身主通根戌中一點丁印又來助身藏所謂吉神深藏是也月提卯木遇戌六合暗來助印而

時干壬水偏財以坐下戌土比肩水不得根身旺本喜財故須再有水金財賴食生爲美

（癸亥時）　亥卯會木時干癸來逆木日元戊土屠弱殺旺自喜食傷令殺重而身輕惟有印以化之如比印兩缺再

戊日辰月

三月戊土秉令乘權戊日辰提比肩幫身時逢壬子財星極清子辰半會水局有比化爲財之意惟以時

（壬子時）　值土旺仍是身財兩傾喜有金來引通土水之氣此即食傷生財格見木火官印亦不忌惟總以財爲中心

（癸丑時）　戊得辰丑土愈旺寔時維三月土重有聚滯之虞時干癸財因辰丑中藏辛癸雖值休囚黨衆亦強春末

戊土陽壯原喜水以潤土之燥重土得病甲木尤喜見之

（甲寅時）　日元通根於辰時甲得祿於寅殺身相均自以七殺爲用書云身強殺淺宜生殺身輕殺重宜化殺故喜

七二

八○

有水財為貴既可潤土之燥又得滋木之氣一舉兩得不亦美哉。

（乙卯時）戊臨辰提日元得以幫身時逢乙卯官星獨發而清卯辰氣聚東方官多可作殺看殺較重於身喜有火印以化之支中藏有微水潤之更佳

（丙辰時）戊土日元月時兩坐辰土癸比生扶身主朗健辰中乙癸兩藏財官雖不透干勢亦不弱而時上丙火氣泄於土比印益就有情喜金水木再露見精神

（丁巳時）戊土歸祿於巳得比於辰日元生旺極矣三月火巳進氣火多有防燥土故須有水財以濟之書云忌旺火煅煉焦坼得盛水滋潤成功信非虛語如柱中復有金之相助更覺清純

（戊午時）天干兩比並列通根於月提之辰聚氣於時刃之午三土一火身主旺矣辰中一點癸水藏之有情其功用足以潤土之燥身旺刃獨喜甲木透干制之所謂逢刃霉殺殺刃最喜雙全

（己未時）戊辰己未分列月時叠叠黨衆土聚則濕喜木疏水潤金洩如四柱重見火土燥無木金尅洩之神當從土衆作稼穡格論既成此格最忌木之官殺。

（庚申時）戊生辰提時逢庚申金洩旺土秀氣流通地支申中有長生之壬辰中有坐庫之癸而申辰又有拱水之情故與其言食神旺相不如言財星有氣以多見火土幫身為宜

（辛酉時）時逢辛酉傷官得祿酉辰明為六合實則辰土生金日元戊土雖在司令之候以辰比被酉牽絆助身之力失專以泄氣太過為病自應火印為救薑云混殺貴清遇傷喜印既見火矣却比亦不可少。

（壬戌時）月辰時戌皆屬土所謂朋冲因冲而土氣愈旺時干壬水為辰戌制之殆盡喜有木以疏之否則金來泄之亦佳忌土再重微火不妨。

（癸亥時）日元戊土逢辰提而身旺時值癸亥上下皆財亥中甲木復有水財之生七殺神完氣足因之比財離爭。而有殺來制刧身主較輕財殺較旺用火印則身殺兩停矣。

八　字　提　要　　戊日巳月

戊日巳月

（壬子時）四月丙戊司權火旺土實喜有木之疏闢水之潤澤此係初夏戊土不離之眞神戊土建祿於巳母旺子相時逢壬子功能潤土之燥自當以財爲用却比不欲透干透則假神剝眞。

（癸丑時）戊土得祿於巳母子同旺之象夏土陽氣相催土有乾燥之患欲其萬物生長全賴水以相濟時落癸丑。金藏水透用在癸財喜餘柱再見金水爲助火土皆忌神少見爲是。

（甲寅時）提巳爲戊土之祿時寅爲戊土之生却印通根日元氣勢奔沛賊甲坐祿於寅木助火勢而益旺殺有印化土有印生格局純粹惟柱中火炎土燥偏枯之象欲其氣勢中和非有水來調候金來發源不爲功。

（乙卯時）時逢乙卯官星得祿月提巳火見木生而愈旺因之日元戊土高亢極旺矣天地萬物之生固在土苟非水以灌漑終屬石田而已故水財爲夏土當務之急有水而無金榮華不久。

（丙辰時）戊土通根於巳巳爲日元之祿時丙亦得祿也身印兩旺且又根深蒂固時支辰土以藏癸水之財土氣潤而旺火賴以泄惟庫中溝瀆之水力量極微須有水之元神透干或有金之食傷相生用在傷官生財必矣。

（丁巳時）戊土兩見巳祿丁印又透時干滿盤火土生旺極矣此條火高土厚而且實理應用水調候乃係格之正用如不見壬癸之水喜有金以泄之此用在食傷蓄云土逢旺月見金多總爲實論如不見金一派戊土逢旺支辰土用在傷稼穡格論。

（戊午時）天干兩戊地支巳午日元祿刃兩備土氣過旺則滯以此一片烈火頑土病在亢燥可知須有通根之水爲之沃潤方可發育如滴水氣淺反來激火之炎終被旺火灼乾故夏土用水尤須有金來發源也。

（己未時）柱中一派火土日元生機受阻蹇滯殊難流通壬癸之水固爲夏戊調候之眞神如單見水財又防羣比

所奪未能即以為喜須有金來洩土轉生水財方全美妙是金之食傷尤皎水財為先要。

(庚申時) 時干庚金長生於巳歸祿於申寶云食神有氣勝似財官惟若金多而洩之太過須有辰丑之土以養身。何以必要辰丑為其夏土喜濕潤也申中壬水逢生雖屬藏支氣與透干相似亦可以壬財為用。

(辛酉時) 巳酉會金時辛又透干頭日元戊土雖旺究不敵食傷之盜洩巳火化傷土金氣勢一貫惟時在四月火旺之候斷無從兒之說如有水財透干財身弱則用印旺之候斷無從兒之說如有水財透干視其身強則用財身弱則用印

(壬戌時) 日元戊土戌比巳印身主甚旺時干壬水坐下戌地其財不攻自破夏戊最忌土燥更忌火旺喜水潤更喜金生今以水制是失調候之功急宜金來洩土生水萬物得以滋長

(癸亥時) 巳亥一冲水弱火旺夫旺者必拔衰者冲旺旺者雖不盡拔亦不能毫無損傷惟初夏戊土不在於比印多見始言身強乃以見水濕潤為先今時值癸亥用財為宜有金構通身財尤妙

戊日午月

(壬子時) 五月火勢炎熾戊土有焦坼之虞首重水來調候戊日午提位臨陽刃七氣旺逾其度時逢壬子厚土滋潤功戊惟子午一冲還宜有合神解冲或金發水源

(癸丑時) 午中丁己同宮戊土得午刃而生時支丑土以中藏癸辛兼之癸透時干使日元高亢之氣得以調和時支丑土原取水來反生見印生而反尅惟水至午月休囚巳極非有庚辛助長弱水之勢終不能全其潤澤之功也

(甲寅時) 寅午半會火局午火羊刃被令甲寅七殺通根以木從火勢殺強變為印強而日元既有月提之刃復見時支寅木生身主之旺可以明矣木旺則火炎火炎則土燥際此情形宜以金水調候為急生尅在其次耳

(乙卯時) 乙卯官星獨發而清月提午印逢官氣合情投惟木旺轉為火旺戊土安能受茲烈火威爐所以夏土見

八字提要　戊日午月

印生而不生須有金水透干得根則木潤而土蘇矣。

（丙辰時）天干戊丙並列聚氣月提午火火炎土燥之象喜其時支辰土可以洩火之氣潤土之燥惟辰中癸水太
微一滴難潤萬里須支見申酉亥子等字自然源遠流長。

（丁巳時）丁火得祿於午戊土得祿於巳身印相互交媾火土同旺可知夏月之土其勢燥烈安能磁養萬物喜有
甘霖頻降方收灌漑之功大凡夏月戊土除非金水結黨干支雜出可以轉用印比之神否則總以食傷生財取
格。

（戊午時）天干兩戊地支兩午狀如天地一氣火土同歸惟以兩刃齊來愈覺火旺難過如再來火土祇可順其印
比之氣而從旺如有滴水雜之見則必至相激無非質量並豐之金水方可用傷食或財星。

（己未時）時達己未月提午刃又來生土土勢旺而燥矣月令陽刃必取七殺爲制但殺有印化徒然助火終不如
金來洩秀水來潤澤爲可貴。

（庚申時）戊臨午刃爲身旺庚坐申地爲食旺身強有金洩秀旺土得以流通妙在申中藏壬藉申爲水之源夏土
本燥見水則潤格取食神生財如金水之氣勝於火土則當以火印生身爲用然而極少也。

（辛酉時）上條時達食神此條時值傷官金有陰陽之分洩氣則一也日元通根於月提午火旣有傷官我當用傷
爲眞如壬癸之水則以金爲喜神也。

（壬戌時）午戌半會火局月被羊刃被合土比化爲印綬身旺極矣時干壬水偏財仲夏巳屬失令更以坐下戌地。
騙水何堪喜支見申亥助長金水之氣滿盤遂以活躍

（癸亥時）日元戊七月提午火印却生旺財並茂刃格本以殺制爲貴猶五月戊土不
取殺制而取金水嘗層轉泄此係時令配合之需要可意會而未可以言傳也。

七六

八四

戊日未月

六月火氣轉弱，土正當旺戊日未提時逢壬子水財得地有根足以潤土之性惟未月有傷子水則財星無根喜支見一申酉之神則土泄於金而不去子財故金之食傷爲夏土通關之要神格局之佳否金有莫大關係也。

（壬子時）

（癸丑時）月時丑未冲土因冲動而愈旺時癸通根於丑因冲而財成虛露六月土旺水衰急須有助水之神爲救即食傷是也如天干再見刦比制財專用金泄亦是美格。

（甲寅時）戊土通根於未火土同生於寅時干甲木七殺以寅中丙火所泄木旺轉爲火旺乃殺印相生之局木土皆燥有欠生動金水爲調候之神理宜聚氣於干支也。

（乙卯時）戊日未提旺土得根而實卯未半會刦化爲官而乙木透時官多作殺遂成殺重身輕之象舊云身殺兩停宜制殺重身輕宜化殺此亦以有印化殺爲貴化殺且可生身構通土木之氣土勢偏燥則喜一二點水以潤之。

（丙辰時）戊土日元月時未辰時干再丙火土重矣妙在辰中一滴癸水可以泄火潤土功非淺鮮火土獨强喜有泄土之金薈云土逢季月見金多總爲貴諭信不誑也。

（丁巳時）巳未拱火時干透丁日元戊土幾成焦裂喜水灘漑迫切需要若無水潤禾稼不生矣既以火旺爲病水財爲藥如不見壬癸之水金亦可以療藥土之病也。

（戊午時）戊生土旺之未月時干比肩幫身時支午火生身旺而太過偏於枯燥空惹塵埃之氣土旺不離木疏土燥不離水潤疏土之木尤爲先慇金能生水水亦不可或缺也。

（己未時）天干戊己地支雙未滿盤土氣疊疊若旺土旺用事之時干支刦比再來可作一神成象之稼穡格論反

宜火土助格柱有金水木則仍喜疏洩與潤澤也。

（庚申時）日戊提未根深而旺時逢庚申金水同情燥土而有金洩水潤萬物自得滋長土金氣勢周流夏末火勢消退如金水過旺有三伏生寒之象果爾反喜木火為救也。

（辛酉時）凡土皆能生金然如此條未中暗藏丁火土氣轉燥非但不能生金反有損金之處故月提之未幫身則可生金則不可辛酉傷官須先有水潤土之燥然後土金水生生不息矣故土能生金與否以有水無水為轉移也。

（壬戌時）戌未刧比同來日元戊土愈見氣壯戌未中兩印分列尤足以生身蓄云身弱之造宜助宜幫身旺之造宜尅宜泄時壬為調候之神為得不算之寶之但以壬水坐下尅地等於虛露須有金水輔助無力轉為有用矣。

（癸亥時）戊生未月時落癸亥水旺不遂土旺書云身旺有官則用官身旺無官則用財此論命不二法門亥中甲木逢生且亥未拱木似覺殺旺於財是用財不如用殺若有金洩土土生水則用金更勝用木。

戊日申月

（壬子時）七月戊土寒氣漸增陽氣轉退故論用神先丙後癸甲木次之戊日誕於申月時申子會水時干又透壬水水來叠叠土虛不實財旺為病喜有比刧制止火印暖之。

（癸丑時）甲藏庚壬丑有辛癸時干又透癸財固旺矣七月戊土不如夏月之實多水則土氣浮蕩難以發榮萬物須有土以驅水之病火以煊土之性五行庶歸於中和。

（甲寅時）戊土長生於寅賴寅中丙印戊比拱助望之日元通根乃以時逢申月申寅互冲而寅中丙戊皆傷身主受害匪淺時干甲木高透又來尅身須有印透干頭專取殺印相生。

（乙卯時）時逢乙卯官星得祿月提申金遇卯有暗合之情戊土日元不勝金木之尅泄必須先來刧比助之方可

八字提要　戊日申月

用財用官，如無比劫，喜有火印化官。

（丙辰時）月提申金秉令時支辰土生金辰申有拱水之情，以支無子財仍作土金看，初秋戊土氣勢虛弱最喜印比為助，則土氣磅礡時干丙火以坐下辰土有晦火之光明，喜再木火生助之。

（丁巳時）戊土得祿於巳丁火又透干，秋土藉火而溫暖身主朗健，可取申中壬水為用以全水火既濟之大用，再見火土富豔持久。

（戊午時）日時戊土兩透時支午火陽刃厚土之氣聚於午身主鞏固緻矣，月提申金藏壬水之財氣勢濟而不雜，當以食神生財為用，如金水螽透天干又防寒土之性，轉使高亢之土化為濕泥。

（己未時）戊土生申氣泄而弱，秋土最喜陽和而不離丙火照煖，時逢己未日元得根機深，忝中丁火可施調候之功，身旺原喜財官如再水木齊透富貴無疑。

（庚申時）庚金兩坐申祿食神之氣勢旺矣，日元戊土未免泄之太過食多作傷傷重必喜佩印，故喜丙丁迭見制盡金病我身康復或則多土幫身亦香。

（辛酉時）日元戊土值秋而氣休申中金水同宮食財氣盛土弱難任，時逢辛酉干支皆金傷官之勢尤旺，土旺於生方豔於泄方信然如不見火土幫身重來庚申辛酉之神者可棄其孤立之土作從兒格論，否則略見火土幫身亦非上乘之命。

（壬戌時）戊土通根於戌藏丁暖土有功，月提申金得祿申中壬水透干食神生財而旺，惟秋戊氣弱須有印比生扶用財方真。

（癸亥時）月提申金時逢癸亥金旺轉為水旺，日元戊土幾被財星包圍其為財多身弱彰彰明矣，劫比之土為特效良藥蓋水多必賴土以去之，得火以暖土輔土尤妙，金木終忌見也。

戊日酉月

（壬子時）八月金旺秉令土之氣泄寒土生機不暢宜秋陽以曝之故先丙後癸爲甲戊土孤立月提酉金時逢壬子金水一氣相生促成寒土之病急宜有燥實之七方收隄防之功如無火土資助再見金水同來作從財論

（癸丑時）酉丑會金丑中癸水透干水勢旺相極矣八月戊土原以火暖爲唯一需要徒見濕潤土之生機危殆今欲去水之病非印比互助不爲功有火無土有土無火皆非上命

（甲寅時）戊土泄氣於酉月時上甲寅又來剋身八月戊土原以火爲護身符今欲化殺之頑制金之強更非火印救之不爲功土來輔身亦佳金木大忌水尤可畏

（乙卯時）月時卯酉一冲金木兩傷時干乙木官星因冲而轉成虛露日元戊土既有木之剋復有金之泄其身何堪官弱喜有財輔身弱喜印生此條需要劫印生扶於財也

（丙辰時）辰酉六合土從金勢戊日本以辰爲根因酉牽絆而土根被傷牽喜時干透丙寒土藉以暖身衰喜有地見木無妨見水宜木化之土制之

（丁巳時）戊土得祿於巳丁火透於時干印來生助土氣益厚惟月酉時巳半會金局再見金水或丑土會成全金局反以身弱論乃須火印爲尚也

（戊午時）戊土坐刃於午時干戊土轄身時值秋令有此得地之午火土氣乃健月提酉金可以泄土之秀火土一氣貫通生生不已論用當以月提傷官爲宜如有壬癸之水轉爲傷官生財之格

（己未時）三土一金日元氣勢充沛秋土最怕虛露最喜劫比助之未中暗藏丁火藉以溫暖雖屬一點吉神勝於虛火多矣月提酉洩秀氣流行用取傷官有木透干則用官殺亦佳

（庚申時）一土三金不言而知傷旺身弱喜佩火印以生身而去金又可驅寒增暖一神三用豈不美哉如無火

（辛酉時） 一土三金日元孤立無助況秋金當旺戊土幾無存身之可能矣最喜火印為救土比為助不忌甲寅之
木藍能生火而不畏陰金也水終大忌。

有用却比為尊水木財官皆非宜。

戊日戊月

（壬戌時） 日元戊土通根於戌時干壬水得地於酉身財均停戌中一點丁火以深藏庫中其力未能普照值茲秋
令土寒之時須有透干之丙丁得地之巳午方可驅寒轉暖。

（癸亥時） 戊誕酉月死地也時逢亥水絕地也身居死絕之地其弱概可想見時癸通根於亥兼有月提酉金之生
財亦旺矣水旺則土蕩其財必不為我用去水之病惟土暖火火土兩見畫龍點睛成矣

（壬子時） 戊戌土旺為陽土值旺月而氣愈厚寶木疏水潤誠不少可時逢壬子土賴以潤土水相峙氣勢未融
須有金介其間構通比財之氣且土旺見金而泄秀水亦因金生而免却寨金誠喜神有則必發。

（癸丑時） 戊日戊月土雖厚而涉於燥戌丑中有丁癸一煊一潤土氣遂以調和丑中透出癸水財星歸真惟土重
不離木疏獨水更防故喜官殺制土傷食引水。

（甲寅時） 戊土通根於戌甲木通根於寅土有甲木之疏有殺嘗先論殺此條身殺兩停喜再有金以制之書云
身旺殺旺而得制其殺化為權貴信哉是言。

（乙卯時） 戊日戊月土正當令時逢乙卯官星獨發而清木土相峙兼之土燥而潤氣勢失之於和支有一二點水
以潤之用取財旺生官

（丙辰時） 辰戌為朋冲土因冲動而益旺惟時干丙火泄於坐下辰土宰日主戊土健朗非似身衰之必欲印助也。
九秋土氣厚實甲木萬不可少否則惟喜金之泄水之潤也

（丁巳時）　戊土得祿於巳得比。於戊丁印又得旺於巳火土一氣身旺可知氣勢偏燥水爲調候眞神可收灌溉滋潤之功。有財則病去金發水源亦屬需要。如不見滴水重來四庫之土可作稼穡格論。

（戊午時）　戊土通根於戊得刃於午火土兩旺午戊會火印力愈強而土氣愈燥甲木爲疏土之眞神自屬喜見惟木燥則不能舒展更須有水以滋之財自是上格。

（己未時）　天干戊己坤支戌未四土蓋蓋未戌中二點丁火戌土日元不無太旺太燥乎如干支再見戊己丑辰等字當順其土性而作稼穡格論既成此格木之官殺不可見金之食傷不妨行不作稼穡則最喜金洩水潤土重木折木不濟事

（庚申時）　申戌拱酉時干透庚食神之力倍增戊土之氣資洩幸九秋正値土旺泄之反所以秀土之氣有水洩金謂之兒又生兒轉輾吐秀更美。

（辛酉時）　酉戌氣歸西方辛金透於時干日元戊中一點丁火殊難去透干之辛比傷兩旺氣勢極淸惟土性極燥遠須有水來潤澤方佳。

（壬戌時）　戊土日元月時兩逢戊庫兼有戊中兩丁之生土氣渾然時干壬水足潤亢燥之土之生機遂以生動。惟水臨比地須有金爲水源乃成富命無金則徒啓土水之爭勢成羈比爭財窘困必矣。

（癸亥時）　戊日戊提土旺而實時逢癸亥財星通根比財接近不無爭奪之勢難身旺可以用財不如見金化比轉來生財之爲妙論命總喜五行流通忌其對敵淸濁之辨別卽在此也。

戊日亥月

（壬子時）　土水不容混合則有礙氣勢之淸三冬戊土氣寒而蕭獨喜木火切忌金水戊日亥月寒土寒水生機发然時逢壬子倂亥而水勢氾濫水旺土蕩之象成矣惟喜陽和故須有厚土以去水患戲火以溫土氣舍此兩種。

八二

而欲身主康強信乎其不可也。

（癸丑時）戊日丑時丑係濕土見亥則蕩是土寒則與水無異癸丑亥三神皆水厚土轉薄浸淫溼堪虞火盛則土氣為榮比助則水勢乃怯大忌金之生水。

（甲寅時）戊土長生於寅甲木得祿於寅惟亥寅六合寅有牽掣財殺雖旺日元無氣有火則生機足且成殺印相生火印丁不如丙巳不及午

（乙卯時）亥卯會木乙透時干冬土本喜殺旺為其能生火印也今以身主孤弱殺旺更有得地之木土自溫暖。殺助身金雖制木奈何洩土

（丙辰時）月提亥水為財時干丙坐辰地有晦火之光明戊土寒濕為病再有得地之火與夫透干之木土自溫暖。而神完氣足矣。

（丁巳時）戊土得祿於巳再見丁火寒而不寒無如月提逢亥巳亥相冲斯時水旺火衰須有寅字見支亥為寅合而不冲巳火土恢復自由矣。

（戊午時）戊土見刃於時支之午得比於時干之戊氣勢溫厚而可任月提亥水之財此條五行抒配凡不太過者皆吉善之象惟以時令氣候言金水祇可少而不可多也。

（己未時）冬土氣怯而弱故以劫比重見為佳時落己未幫身而未中一點丁火雖不能引以為用卻亦可溫暖窰土月令亥水旺而不猛於財可以任用但恐水多盪土如木火疊出金水亦所弗畏矣。

（庚申時）庚申食神得祿亥乃壬水得祿水再有金生遂成氾濫之勢日元戊土巳化為濕土去水之病唯土榮土之氣唯火如水成方局或結黨而成崑崙之象者作潤下格論。

（辛酉時）時落辛酉傷官得祿月支亥水見金生而勢成冲奔日元戊土寒氣縛束幾無存在之可能要有透干得地之印卻夔身否則當順其旺勢作從財論

（壬戌時）戊土通根於戌壬水得祿於亥身財兩強惟以十月戊土還忌水財高透寒土之性且土水各立比財相爭須木火並見木以洩水火以暖土斯為美矣

（癸亥時）戊土日元月時雙亥時干再透癸水財重身輕水多土寒為患非有雄厚之土為之隄防焉能任此旺財無火照暖生機何在

戊日子月

（壬子時）隆冬寒氣凍凜溜土脈塞滯戊土日元臨於水旺之子月時落壬子水勢冲激轉使混凝厚重一變而為卑濕須有寅巳戌未等神方可挽狂瀾於既倒

（癸丑時）戊坐丑時不可謂無根惟丑為濕土見水原以水論月建為子時干透癸自然丑戀於水而失其本氣際茲萬物收藏寒土能毋潰乎救之之法喜有帶火之土或帶火之木頻來干支寒濕之病去身自不弱矣

（甲寅時）時逢甲寅殺印相生日元戊土妙處全在一寅寅中藏丙冬土得火溫暖分外繁榮月提子水見寅則泄生機不衰若重見土火日元愈見發越頻來金水格局優轉為劣

（乙卯時）乙卯官星得祿兼有月提子水之生財官清純惟木旺來尅土官旺身弱戊虛而孤要抑比頻見再有丙丁之火則木生火而火生土土愈覺有情矣

（丙辰時）月時子辰會水土盛水而愈寒時干丙火無根暖土之力極弱冬戊以通根為喜水財以得地為忌令適得其反是五行配合之無情也須支有寅巳戌未等神去水之有餘輔丙戊之不足

（丁巳時）戊日巳時時干再透丁火土暖而成隄月令子水雖旺以不透干頭可免壞印冬戊惟喜火溫愈暖則土之生機愈暢為逢金水危乎殆哉

（戊午時）戊七並列時支坐午氣溫而實一點午火誠寒土不離之真神乃以月支子水得時秉令子午為專氣之

神。相遇必沖沖則旺發衰身主隨之動搖所喜支有寅卯則水戀情於木而不傷火干再丙丁透露尤妙。

（己未時）　日元戊土得時上己未兩劫之助身主尚不為弱月提一點子水被上下厚土包範制之殆盡冬土雖以水財為病而提綱之水不可損是不顧其體也劫比疊見喜有木以疏之火以暖之如土氣過重又喜水來潤澤也。

戊日丑月

（庚申時）　申子半會水局時庚情歸於水水盛土薄喜有燥土以實之使其身財兩停為貴冬土逢金則菁英盡泄。

（辛酉時）　時落辛酉傷官之氣極旺日元喜泄名為秀氣流通弱者惡泄泄則本身愈衰月提一點子水見金則水氣益寒而戊土愈凍誠非火土制金去水之神尤不可少。

（壬戌時）　戊土坐庫於戌壬水見刃於子土水雖均冬土不耐其寒須有通根得地之火印動闢高亢之厚土方可解此倒懸否則水勢猖狂仍為財多身弱富屋貧人之命。

（癸亥時）　亥子氣歸北方癸又透時助旺日元戊土孤立無輔其病在水明矣去病惟喜劫比之土所謂一神一用如干支再見金水而身主絕無援助者格取從財反佳。

戊日丑月

（壬子時）　季冬戊土其性外寒而內溫在此冰雪滿地之候萬物收束之時土脈最喜溫暖故有一陽高透名為寒谷回春戊日丑提土虛而凜時落壬子有丑中辛癸之助其財土愈被水所困須有戊未之土以去濕火印乃調候之眞神尤不可少。

（癸丑時）　月時兩丑幫身詎知丑屬濕土冬見之非宜而丑中辛癸同宮透癸則水寒益增而日元之生機愈促火為暖土之神土為去水之藥不嫌其多獨患其少。

（甲寅時）季冬氣進二陽火氣漸蘇戊土長生於寅丙戊印比藏根時干甲木又復通根於寅明殺生暗印若丙丁之元神再透干頭得見一壬或一癸反作上命。

（乙卯時）戊日丑提通根而不以旺言時上乙木得祿於卯卯丑緊制而土根拔官星雖清無如身不能任姑不論木強土弱其為寒土寒木顯而易見火印調候為必需之神洩木生土又為旋乾轉坤之字陂予望焉。

（丙辰時）戊逢丑辰却比同來日元不弱時縱深冬寒氣未解丑辰中分藏辛癸皆屬濕泥不足以培土之根適足以寒土之性而時干丙火坐下泄地一點陽和之氣又被吸收殆盡此係用神無力須有木火助之格取殺印相生。

（丁巳時）時落丁巳土賴得暖有寒谷回春之象時支巳火歸祿印比同藏戊不乏生機矣凡冬土最喜坐下火地，而最忌亥申等字破之令以火多水少故雖丑藏癸水亦無大礙若有木生印更畏生色。

（戊午時）天干戊土兩排通根於時支之午日元根深蒂固午為戊之陽刃其氣極壯月提丑土以有午來照暖寒而不寒土氣已實喜有甲木出干疏之如見丙丁雜出反喜壬癸調濟。

（己未時）戊日丑月時逢己未重重却比塊然不動之象冬土雖虛黨眾轉實火為解寒之神喜於柱中見之如干支復見四庫而無金水逆氣者作稼穡格論。

（庚申時）戊臨丑提寒土也時落庚申食神之氣極旺丑申中皆藏水寒金凍水相繼齊來使日元高亢之戊變成濕泥喜有火制金有土幫身火自病去而發榮矣。

（辛酉時）月時酉丑會金刧化為傷不應會而會之是謂無情時干一辛高透以坐下比屑之地財星終被奪去所喜冬日元戊土愈變頹唐不振以金旺為病急宜佩印以藥之重見壬癸亥子等字則金泄於水格取二人同心即從財是也。

（壬戌時）日元戊土見丑戌丑戌中土藏丁而寒土得以溫暖時干壬水高透以坐下比屑之地財星終被奪去所喜冬土怕寒去壬反妙柱中土氣厚實須有木來疏之乏木則土頑不靈更見火透照暖益覺天衣無縫矣。

（癸亥時）支見亥丑干透癸水即可作亥子丑北方一氣看日元戊土見洋洋旺水化爲濕泥絕無生氣除非有戊戌丙寅等字方可挽此既倒之狂瀾否則須有壬癸由子等神再來干支格成從財

己日寅月

（甲子時）正月己土田園猶凍所妙寅宮藏丙用在丙火無疑有時甲則土靈有時子則土潤還喜干支多火土以強七勢見巨水非宜兄囊金亦忌

（乙丑時）丑土陰濕不能助己乙木寅未尅土太過最宜火以化木暖土支有未戌帶火之土尤妙木再多身更弱水生木亦可懼

（丙寅時）兩寅藏丙丙再透時寒土自喜丙暖但最妙略見微水以潤土或一甲一乙以疏土一二重金尚所不畏多金多水又非中和矣

（丁卯時）丁力遠不及丙但寅卯生丁未火相生足以保衞己土多見火不忌略有水小康之象戚金戚水絕對不利

（戊辰時）土多無火暖之雖多癸益水火並見如雨暘既濟斯爲美矣有金洩土土乃靈秀或甲或乙透而疏土制劫諧顯之命

（己巳時）寅中有甲丙戊巳中有丙庚戊疏土暖土化土助土諸用齊備金木水火再各見一二無冲尅不太多總是良厚之命惟土不宜再重矣

（庚午時）寅午會火己土不寒庚金懼於火勢而無力若水木見於干支八字有生機矣一味火土頑而不化之人

（辛未時）寅未中密藏火土己土不弱喜辛金之洩化再見金水更爲靈秀甲乙透貴氣增加火土多則厚重但不富耳

八字提要　己日寅月

八八

（壬申時）壬水瀉丙申金冲寅皆爲忌神要有戊土制壬或午火會寅方不失淸雅富貴否則江河汎濫寒薄之命。

總之火土愈多愈妙金水愈少愈妙

癸酉時　酉金名爲長生其實洩氣癸水之潤土喜有火暄染相得益彰火土德多而不妨金水不可太過有火見

木則佳無火見木弱不勝尅

（甲戌時）戌寅中皆有火甲木透干生火須水潤澤徒多火土略嫌其尤又名身旺無財金水並來財源取用不竭

矣。

（乙亥時）寅亥中藏木乙木時殺甚旺要有火印化殺生身辛金制殺無力不如庚透合乙不論庚辛地支有申酉

以載之爲妙水木切忌再多。

己日卯月

（甲子時）二月陽氣漸盛萬物發生己土喜甲疏子潤再有丙火暖之尤妙甲己雖合卯月木旺而不化土微金洩

氣更見土之靈秀亦財用之無匱乏矣。

（乙丑時）時上乙木七殺得祿於卯辛己土得庫於丑身殺兩健喜火以化殺水財潤土固佳但須不

傷火印爲主要條件

（丙寅時）寅卯兩木尅己土幸丙印化殺生身最喜金水互見靈而不頑潤而不燥甲乙再透取丙爲用水若太多。

以木爲用、

（丁卯時）兩卯施壓力於己土更重自以丁火爲救星忌癸傷丁或壬合丁卽地支見水亦非宜耳金能尅木制殺

爲美但如有水黨殺金反爲忌神矣

（戊辰時）土多更喜木疏甲乙透干最佳有水生木更妙金水並見無妨祇金無水或有火化殺殺駢尅旺堪虞土

再多貧夭必矣。

（己巳時）時上一火一土所以幫身見甲乙疏土則貴顯金水財鄉則富有寧可財官旺不宜身再強

（庚午時）己土得午生庚化卯疏支配殊當忌干再透乙庚必輸情於乙狡詐之徒日主健朗有水而不礙火者富

裕之輩。

（辛未時）卯未會木時上辛金要有火七幫身方爲貴命再見水財生機更蓬勃矣若盡是剋洩貧弱之人。

（壬申時）金水木磐踞三角身弱之造全要火土之多幫扶日元否則貧夭必矣若干透乙而支會木局可作棄命

從殺論。

（癸酉時）酉冲卯癸生卯地支若見亥或木則會殺而忘冲矣然命局之優劣還以有火無火爲轉移有火而與癸

無犯上命無火而徒見剋洩下命。

（甲戌時）甲己卯戌皆合官殺俱絆平常之命要水火既濟小富小貴傷食去官留殺或去殺留官清淨亦非

庸流。

（乙亥時）乙透亥卯會木意盎然殺太重矣有火用金火金並見先用火印水生木大忌一味木旺則

從殺。

己日辰月

（甲子時）甲與己合格成化土惟己土卑濕喜有火暖凡洩氣之金破格之木皆所忌見也若化土不成水木爲喜

神。

（乙丑時）土多喜木疏乙木七殺祇宜滋不宜制故水木多見不妨金若不傷木火若不猛烈亦屬可喜

（丙寅時）丙暖土疏土茲再需要者水之潤耳有水兼有金富卓而賴水不傷丙富而且貴土多於水用木。

九〇

（丁卯時）丁火卯木亦所以疏暖己土特力不如丙寅時耳總宜水潤木制如水太多滅火堪虞所以水少要金水
多忌金。

（戊辰時）土重如山再多便患崩矣。最喜有金化之木疏亦宜但若少數之木恐土重而木折要水木並見方佳
已巳時）火土齊備賴有金水木以調劑水木相生著貴甚於富金水相生著富甚於貴火再多土易焦土再多一
貪如洗。

（庚午時）己土當令又得祿於午時喜庚金之溲化若干支見水謂見又生清秀極矣木之疏土亦宜然須與庚
無犯。

（辛未時）土多則頑所妙辛金溲秀忌火土再逢喜金水並見木制而無力不如用辛水木相生乃可取木
（壬申時）申辰中皆藏水壬又高透偏重於財已土且更卑濕矣要火土相聯幫身除濕單見火力不敵水名貪財
壞印。

（癸酉時）己土溲氣於酉辰爲財庫癸財又透再見金水必致財多身弱矣丙印戊劫最宜巳午未鄉亦喜木能尅
土亦閒亦忌之神。

（甲戌時）戌爲火庫甲己化土更眞水火潤暖己土皆有利於化局金不宜多多則盜溲土氣若化土不成金與木
又爲必要之神。

（乙亥時）乙木七殺餘氣在辰又得亥水之生己土如不勝任須火印以救之金雖能尅木亦溲土氣有利有弊可
用而不可用也。

己日巳月

（甲子時）己生巳月火旺之初原喜陰水之滋庶與陽火相調和時臨甲子疏之潤之然尚覺水源不足最喜命逢

九八

申金。或辰土水庫以張之偏見庚金而無壬癸反為不利蕭犯傷官見官故也。

（乙丑時）乙木透於時干獨殺流清月支在巳殺印相生然因酉丑會半金局不免木受其制削弱疏土之功所以必須干透壬癸或支有亥子以化之偏見丙丁雖可代金究非上乘

（丙寅時）巳月而見丙火印綬得祿況丙坐於寅長生之位果果出日田園將有枯燥龜坼之患最宜金水兩全得以調劑始為上格。

（丁卯時）己土日主丁卯時元偏官偏印相生但總火威木弱除非水木俱透方為上格如多見火土豈能得志乃勞苦終身即使偶爾大運相濟亦必榮華不久一現曇花而已

（戊辰時）生旺之己土再逢戊辰之時元刦奪太重縱歲月有水亦是虛而不實無非金發水源或支見申辰戌冲開水庫申辰半合水局乃當別論矣

（己巳時）己生巳月再逢己巳未免火焦土裂即得水木透出亦難彌補良以夏月己土專喜壬水癸水尤喜壬水癸則怕為如許火土所熱乾見乙木疏土力薄毫不影響於命格見甲則妬合而牽絆

（庚午時）午時己日名歸祿格揆諸五行生剋之正義時上庚金雖敗氣於午究得長生於巳則傷官未嘗不可為用但必須其他之干支有水乃妙見火大忌見木亦雜矣

（辛未時）火炎土燥一點辛金無力丙丁再透或有午會成南方窮乏之命有水而不濟火亦偏促之士金水俱多。方為佳造

（壬申時）壬水坐於申金水有源土不愁燥矣喜巳火正印為身可以任財若再見官官印相生尤為貴徵

（癸酉時）癸水得酉金之生巳酉半會金局反以有火生土為榮蓋火愈旺愈能顯雨露潤澤之大用也徒有木虛名而已木火相等其貴乃真

（甲戌時）火炎土燥木枯皆須水潤壬癸亥子總為喜見之神然有水還要有金方無涸竭之慮否則富貴而不久

（乙亥時）亥水生乙木乙木生巳火。財殺印相生。土得木疏火煊水潤喜有金吐秀生財但若金重乙木七殺受制太過亦非所宜也。

己日午月

（甲子時）己土有甲木之疏子水之潤若再干透辛癸或庚壬尤妙蓋子午冲此子水虛而不實也干支多土則水更潤多火則甲爲火化而助炎均非上命。

（乙丑時）丑爲濕土可喜然仍以支有亥子或干透壬癸爲貴金能化土生水總具恩神木助火炎火待土焦豈宜多見。

（丙寅時）丙生於寅午半會火局己土焦坼矣單見金或水尙不能救此危局金水並見或支輔濕土方佳有木生火則如添油凶不可言。

（丁卯時）丁祿在午木再生火火勢太旺若有水而無金虛名虛利總之金水不可離也木火與旺貧無立錐濕土多多益善。

（戊辰時）辰中有癸再見水則財用豐見金則秀氣足多土非宜恐財被刦奪也木疏最喜官星明朗亦富亦貴矣。

（己巳時）巳午兩火使己土不燥而燥喜見陰水甚於陽水酉金不如申金庚辛透天最美木有助火之嫌少見爲妙。

（庚午時）月時兩午庚金被爐己土日元亦嫌焦坼救金救土總以水爲重心然若干頭虛露壬癸不如支見亥子爲有力丑辰濕土熄火而不犯火尤所喜見。

（辛未時）己七得祿於午未中又藏丁己與上條同患頑燥之弊一重辛金目顧不暇無能爲力故金水多多益善

，且以並見爲有功火土畏如蛇蠍愈少愈妙。

（壬申時）午月己土得時上壬水之潤。時下申金之洩。如獲清涼劑。再見木疏富貴雙全矣。身主不太旺而金水支配有憺亦富阜安吉之命火土若多小康而已。

（癸酉時）〃午月己土得時上癸水亦甘露也。酉雖長生而實洩氣。又資生癸財秀慧而取用無窮。若再年月干透官印且有權勢矣。最忌逢未戌之燥土。

（甲戌時）己合時甲堂皇而正大忌。年月再透官殺透則雜亂無章矣。戌爲燥土遙會午火須壬癸亥子以制其炎。

（乙亥時）乙木疏己亥水潤己己本得祿於午建財殺身印蓋打成一片。如有庚辛申酉之洩身生財而與乙殺無犯者富貴可求予取。或見丑辰之濕土亦必財用之裕如。

己日未月

（甲子時）未月之己土總屬生旺。惟若小暑之後十二天則正土旺用事更爲有力亟需木以疏之水以潤之。此甲子時之大用也。再見水爲更佳火非必需不如有金生水之爲妙土必不宜。

（乙丑時）己生未月未中乙木透露加以丑未之冲則乙木更易脫穎而出最宜水以生之乃可取殺爲用見金大忌見七則地廣而植物愈稀皆所不取。如能本命及日坐爲卯尤屬上格。

（丙寅時）未月土旺司權不需火再生之以犯母慈滅子之辜金水木皆屬可喜若滿盤皆逢火土則以從旺論反忌一點水木便是貧苦之命必犯痼疾或腎病。

（丁卯時）未月己土而值卯時卯未半局巳具旺土得木而疏之勢祇可年月見水見木切忌金之削木火之懷木土之幫身能逢乙癸透干定是權威之士但利不及權耳。

（戊辰時）未月土旺用事不宜再有比刧幫身大喜金洩水潤木疏困是定論但若年月不見財官而逢印綬之生同類之助則當從其旺氣以較前論丙寅時者更為有力

（己巳時）己巳而遇己巳時又當未月得令之時生旺巳極且巳與未夾拱日祿之午斷不能逆折其勢應作從旺格推除非歲月天干年日地支盡是水木庶可取財官為用

（庚午時）未月己土氣勢正盛專庚金傷官之毓秀但要其餘干支有水乃發無水仍屬平庸之造最怕者命逢陽木及火陰木不妨微土亦未必為嫌

（辛未時）日干己為己月時皆未辛金高透食神有氣但若生於小暑後一旬之內丁火臬神奪食為忌如年月有水制火則五行有救病藥相當苟其火透則食神絕對無用應捨而取水矣

（壬申時）己巳日干雖當旺於未月亦以此時最易乾枯燥裂大喜水以濟之今其壬水下坐於申為財臨長生養命有源必全富貴獨畏比刧奪財最喜金神生水

（癸酉時）己土生於九夏時遇火燗大喜癸水雨露之滋如地支有卯卯為震為雷又為癸之長生卯酉冲而激發則大雨時行雜以雷電接陌連阡無不霑足矣逢金逢水總宜

（甲戌時）未為甲木之墓庫戌為火土之墓庫甲與己合似乎太燥不能化土除非地支得值辰土丑土藉其冲刑土氣乃動動則變變則化矣否則仍須年月有金水耳

（乙亥時）未中乙木七殺透出時干亥未會而助之所謂木疏旺土培成稼穡之禾四柱仍以有水生木為妙有火則成殺印相生惟不可多雖見金不妨亦宜少耳

己日申月

（甲子時）申月己土泄氣而虛然因金旺水相故子水財星有根子申半局化金為水以生甲木必須柱中有火否

則財多身弱次宜有土以分其財切忌再見金水

八字提要　己日申月

（乙丑時）己生申月乙木透干是為身殺兩弱荷無火以生身則為無根之命然而有火還須有水而水則壬不如癸庶幾財殺印相生有情而為名利雙收之造矣。

（丙寅時）初秋己土虛而不實大喜得火相生之時逢丙寅正印臨於長生母氣殊健苟再逢癸水財透成為既濟之功。則寅申雖冲癸能生木泄金排解傷官見官之弊自必鶴異常流矣。

（丁卯時）己日卯時適當申月十殺有制為偏官見丁則成偏官偏印相生制化俱全干上再有水可以泄旺金而資弱殺尤得中和為貴之妙。

（戊辰時）泄氣之己土賴戊辰刧財之助氣勢一振申辰半局化出財星養命有源矣然而還須見火則戊己生氣盎然不可再有金水削弱火土之力如其見木不痛不癢反非好命

（己巳時）申月己日傷官盜氣喜得己土比肩之扶巳中丙火印綬之生倘四柱再能有水所謂傷官之命最好財印俱全一生任何運程皆無所忌矣。

（庚午時）己日庚時月令值申申為庚祿午為己祿厥名交祿然考此際金神司權庚金甚旺己不如庚還喜年月有土相助見火則傷金不殊削足適履

（辛未時）己土得未土為助以生進氣之辛辛又乘旺於申是即食神有氣勝財官也四柱倘再有水土調和乃必發之造或云秋令己土必須丙火然若此造果其見丙辛金之氣不完猶蛇足耳

（壬申時）申金月令再見申時傷官盜氣為病乃以干支有火制金為佳惟壬水特兩申母氣之生有江河直下之慨恐退氣之火不能與敵所以有火還須有土制壬耳

（癸酉時）此與上條壬申時似相伯仲惟癸水屬陰酉金亦屬陰陰性柔和水雖盛而不潰決金雖旺而無創傷但己土終衰弱必得火土生扶方克中和如其有金水無火土則當以棄命從兒從財論矣。

九五

（甲戌時）甲己雖合莫作化氣良以月令在申己土泄弱已甚土虛則空而崩何能使甲木從之而化亦不能以甲木正官為用至於戌土雖有益於己恒為力不多如得火以相生水以去煬則無間言矣

（乙亥時）屏弱之陰土豈官陰木之戕賊即云金旺之令乙木有制然因亥水之故金去生水而不伐木所謂貪生忘尅是也是必有賴於火庶幾生其土和其水篩其金一舉而三美備矣

己日酉月、

（甲子時）己生酉月名則長生實則盜氣故兒甲子財官不任互尅交攻殊不足以為喜是必天干見丙丁相生而又正坐旺地者方可用取財官耳尤忌陽金十有九敗無火更凶

（乙丑時）己土日元為酉金所泄丑又會酉弱極不堪而此際之乙木亦臨絕地坐衰鄉不啻殘花剩柳故七殺為無用不能泥於有殺衹謂殺之說也是須水火兩多庶土木皆有生氣

（丙寅時）仲秋己土本質雖虛而且燥所以宜火生之水潤之固為不祧之論時蓬丙寅若其餘干支無水為之協調亦非上選以知有火無水仍是太璞所以金甌有缺耳

（丁卯時）卯時己相沖無情惟此時之己土終喜有丁之相生丁坐於卯是為薪火之傳俾己土生機不息但卯木七殺終不可用因臨絕地久必斷炊也如其年月有土仍取食神金火弗忌癸水非宜

（戊辰時）酉月而值辰時辰與酉合更覺己土為陽土幫身之力不殊扛鼎所以身弱用刦縱或以食神之金為用戊亦喜刦神大喜刦財鄉也四柱獨忌陰火之多陽火不妨

（己巳時）巳火印綬生起己土且其己土之旺氣弱土得己巳生扶則即水木財官透於歲月亦可為用然不及年月有金之為一清澈底有精神耳倘能坐丑成局水火透干尤勝十倍

（庚午時）己七秋生時臨辰午土金鑠秀傷官佩印但敎四柱不逢陽木或再有火定為大藝術家喜有土金如其

澆水須消息日主之強弱強則喜弱則忌蓋恐財以傷印無生氣耳。

（辛未時）己土日主生於酉月辛未時己土冠帶在未辛金干祿在酉所謂萬鍾祿食食神得祿不逢官是也如見木而有根則官殺或可用獨怕見火則一無可取之廢材矣。

（壬申時）己日而逢壬申時原屬財臨長生奈何生當金旺水相土虛之酉月身不能任必得火以生之然若滿盤金水則成從財之格不可再有一點火使財勢渙散。

（癸酉時）酉時酉月癸水財透金水相涵但教己土有力所以年月有火則己土有根財可為用惟火不可多以稀為貴見土雖比劫奪財因有當旺之金以緩衝絕不足慮也。

（甲戌時）蕭殺之氣正盛時上甲木正官決不可用況乎酉月之己土亦不生旺何用木疏乎仍須火生土助傳己不空虛再取當令之食神能有一點水更佳。

（乙亥時）酉月之己土雖日長生實非生旺大喜印綬之生身故若年月有火則己土有根而乙木亦有向榮之機。乙雖絕於酉究坐亥水生氣之方絕處逢生可以用殺。

己日戌月

（甲子時）戌月之己土不論土旺用專與否終為進氣之象良以戌為火土之庫耳即使四柱無火亦自具天地生化之機所以時逢甲子財官可用傷食亦宜惟庚金終非所喜。

（乙丑時）乙木蓋於戌己土蘊於丑似皆柔弱惟月令在戌秋木不華則土氣厚木氣薄必須水火並具於柱中始可以殺為用有火無水不能用殺逢金更甚。

（丙寅時）己土既生戌月時元又值丙寅不但丙火坐寅為印綬臨於長生且寅戌會局以助丙火未免火烈土燥。全憑南水透干庶可調劑於平逢水有金更佳木火土非所宜也。

（丁卯時）　己土生當戌月戌中藏丁透而生己卯雖屬木卯戌六合此乃生旺太過以火爲病以水爲藥見木則厝火續薪見土則身旺無依必得金水相濟乃可有爲

（戊辰時）　己日戌月辰與戌冲土氣活動益以戊土相扶生旺已極必須得木之疏而又以水輔之然而太旺之土逆折不如疏泄最合金水兩見始成富貴利達之士

（己巳時）　日時兩巳其勢不孤又有巳火印綬之生戌土刧財之助敦厚極矣土旺則金相巳中藏庚戌內藏辛但敎干透庚辛再能見水以潤澤之資產富有復何疑哉

（庚午時）　雖云旺土而庚金有氣然因午戌會半火局以銷鑠其金所以火爲之病非水多不足以制火而救庚或則運走北方亦宜

（辛未時）　時當戌月戌中辛金食神透出時干而己土則有未戌同類之助合於食神大喜刧財鄉之說但未戌兩支皆有丁火暗藏必須有水以制其丁方無顧慮

（壬申時）　生旺之己土力足以任財蕐則壬水財星坐於申金長生之上不媿源遠流長可卜富厚終身且必貴子不宜有木以吸收壬水之靈祇喜金以生水富有千鍾略見火土者尚無大礙

（癸酉時）　戌月癸酉時己土當令食神有氣而財亦咎根最好柱中再見金水天生富命如見土則以金透爲佳如逢木火不爲忌而亦不爲喜

（甲戌時）　戌月而又戌時戌乃火土之庫甲木透而合己可作化土論但必須不見金水木乃眞否則當以金水爲用惟金水不可太少耳若年月木多則當仍用官殺

（乙亥時）　己土正在當令原須水以滋之木以疏之按乙爲陰木亥爲地脉泉源殺得財生力足疏土不可再見印綬比刧與財殺相抗能見金以生水自不爲忌

己日亥月

（甲子時）禮記月令云陽氣閉塞而成冬則冬至一陽升之前。完全孤陰不生所以亥月之己土非有丙火必爲貧苦之命即使見到巳火巳爲丙祿因有亥沖仍爲無用甲透時上無丙丁之印官不爲官子會亥非火土參不足以驅寒扶身。

（乙丑時）亥月己七水正行權丑亥拱子不但無助於己且助水增寒乙木雖泄水疏土亦屬愛莫能助所以必須丙火始爲佳造見丁減等大怕逢金。

（丙寅時）己土冬生土衰水旺若無丙火則霜雪載途田圓凍結妙在丙火正印下坐長生之寅而寅與亥合俾能一派陽和春回寒谷官印相生氣象最純。

（丁卯時）冬令寒土非火則生氣索然丁雖陰火不及丙火太陽之普遍溫煖因丁有卯生亥卯半局生起丁火。貓花棚之生煖氣爐己土亦有生意矣四柱忌見金水而火土不厭其重。

（戊辰時）己土得戊辰之助在水旺之亥月似乎身財並茂然而辰雖陽土却是辛壬金水之庫終須火以散其寒。土以厚其勢身弱用劫故以見木爲大忌亦不喜金水。

（己巳時）己土弱元得己巳時所謂輔之翼之匡之直之有何不喜但巳火爲亥所沖財以壞印名利皆空惟有年月透丙印綬得祿或透戊土制亥方爲佳格。

（庚午時）亥月之己土水盛而土弱時逢庚午生水午生己雖似勢均力敵終覺土不及水之生旺耳所以干支有火爲妙有土幫身亦佳木則可無而金水斷不可再見。

（辛未時）亥月見辛金寒水冷雖時遇未扶助己土祇因亥未半會木局徒然尅制虛弱之土而巳須年月透火庶木氣生火土不受尅且因火印有根生身爲美矣。

（壬申時）己本濕土月令在亥亥爲壬水之干祿時落壬申乃壬水之長生水冷金寒己土毫無生氣如再年月見水應作從財而論否則必得丙戊當頭乃爲好命。

（癸酉時）己生亥月濕土將凍再見癸酉時元增其寒水之氣身弱巳極必須火以相生俾可冰融凍解土來幫扶在理亦喜然萬物蓄藏有火則生無火則死仍視火之有無爲高下耳。

（甲戌時）己土日干亥水月令亥中藏甲透時財官有力時落於戌中藏火土足以生扶但須干頭得見印綬者爲貴庶甲木生火以通其氣己土束縛消釋火再生己有恩恩相生之妙。

（乙亥時）亥爲木之長生中藏壬甲甲時再透乙一派水木互相攻尅己土最弱既無尅水之力致水去生木又愛乙木威脅矣見金祇能助水末能伐木惟遇火土遂爾化戾氣爲祥和矣。

己日子月

（甲子時）己土氣絕於子子月而又子時重重寒水己土沉漫其中而成泥淖甲雖大木亦必腐蝕根株不能生存。

（乙丑時）己坐子月時逢乙丑子與丑合可喜財星被合但孤陰不生還須仰賴陽火而乙木七殺亦克寒梅著花。

（丙寅時）子月之己土正臨絕地得丙寅時印臨長生以生弱土而散嚴寒乃飛騰之命格因有丙火故不忌木而獨忌水蓋猶雨載載途陰寒彌盛白日無光矣金亦弗喜。

（丁卯時）己土生於子月生意毫無苟得丁火相生寒水之威稍解而卯木泄其旺水生其丁火亦非平常之造但敕年月再有木火不可育金水之忌神若育金水則薪傳易熄澌木生煙火力反滅。

（戊辰時）沖冬之己土代囚無氣固宜比刦以扶持然此際地坼天寒即戊土亦何嘗有氣況辰乃水庫子辰尘局。

祇足增進寒水。必得年月有火。庶戊己之土轉出生機耳。

（己巳時）己七日元，時逢己巳。比肩扶之。印綬生之。巳可返弱為強。四柱再有火土則身旺財豐。必是富貴之造。即使略見一點金水。亦無大患。惟怕金水過多。己不能敵耳。

（庚午時）己生子月。而值午時。一點午火生氣為子水所沖破。再有庚金以資當令之水。濕土愈寒而凍。必得年月透出丙丁錯煅庚金始為上格。倘無火生而遇金水非貧則夭。

（辛未時）仲冬己土例專生扶。令則時逢辛未。辛金生當令之水。未土助休囚之己。似乎銖鋼悉稱。不知己未二土。原無力量何堪辛金之泄。而水因多身弱又時值壬申壬水長生於申。乘旺若四柱別無火土乃貧簿之命。

（壬申時）己七生於子月。財多身弱。又時值壬申壬水長生於申。乘旺於子會而助壬大有水勢滔天入北冰洋而不見寸土。即使年月火土亦難為力反不若滿盤金水而成棄命從財耳。

（癸酉時）癸為陰水。以喻雨露。在此冬令則為冰雪月令之子。乃癸水之祿。一點己土烏能勝任。最喜戊土奪財且戊與癸合化無情而為有情。丙火雖喜尚遜戊土一籌。

（甲戌時）己土而遇戌時戌為火庫地下之氣轉溫子水之勢稍殺。然若餘柱無火則甲木有制土之嫌。有火則甲木生火。而火又生土成官印相生之格矣。大忌金陽氣尤畏。

（乙亥時）子月水旺木相己日乙亥時水木太過日主弱甚必得火土之力以生以長方能用取財殺倘若見金則水力更增而乙木未必就範故寧可無金而有火土也。

己日丑月

（甲子時）丑月己七繼在土旺用專亦不多生氣而以金水為忌按子時雖與丑合但總水之成分多土之作用少。甲雞與己合亦隨流隨凍全憑丙火太陽當空將蕭索之璟境改為融和則土與水木均有生機矣。

八字提要　己日丑月

（乙丑時）　丑月丑時己土一再投墓其氣滯而不流，一片冰天雪窖時上之乙似乎一草一木。點綴其間究竟看不
到任何生意惟有干支之中再見木火則如歲寒之友一時絢爛亦未嘗不可用殺金水總屬大忌

（丙寅時）　丑月己土日元投墓所謂少年不發庫中人是也時值丙寅凍土得火而融旺土亦以寅木而有生意不
宜再見金水以免木火受制不能發揮效用尤怕壬永申金故若壬申俱備福祿如一現曇花

（丁卯時）　季冬之己土卽當令亦不能顯其本能茲有丁火生之卯木生起丁火偏官與偏印相生固有爲之造年
月還須木火並助不可柱有金水以丁火卯木原非生旺耳

（戊辰時）　己土生於丑月如在小寒後十二天之外則正土旺用事不必戊辰刼財之助惟在大寒未交三天以前。
尚非土旺則戊土可以爲用然辰爲水庫必有丙丁透干則戊己有力大忌見木金亦弗宜

（己巳時）　三冬己土理要生扶己巳時元似可相生爲助然因己丑會半金局以洩入墓之己土故丙丁之生最爲
迫切而需要金水木削弱己土力量少見不妨多見非宜

（庚午時）　以丑月入墓之己土得午火梟印出日祿之相生固具相濟相成之妙但午火亦墓於丑不當鏡花水月必
須歲月之上有火有木方切實際否則卽行火運一時歡喜而已

（辛未時）　丑月而遇未時丑未對沖墓庫大抵宜冲日之己土日元不發庫中人之例且因地氣冲動比
肩爲助不愁辛金食神洩氣惟若四柱再有陰水及火則身財尤爲美備矣

（壬申時）　季冬休囚之己土金水理所弗喜況以壬之陽水下坐申位長生乎卽不將土冲刷無餘亦必將己土凍
結祇可棄命相從則以餘柱不見火土爲的如透火土反感財重身輕

（癸酉時）　己土日主時逢癸酉丑中癸透酉丑半會金局以生癸水成食神之生財而己土力薄矣經謂食神身旺
則喜財身弱則喜印剋在寅冬火不可少故以丙透爲貴透丁須有木以生之亦不失榮華之命

（甲戌時）　甲與己合所謂合官星不爲貴時爲戌土火庫以溫煖其己土生意自足得火而有甲木之生定必攀高

一〇二

一一〇

位畫偏見庚金潦倒偏促矣。苟逢寅午以會局。或得未土而三刑皆能壞發。

（乙亥時）休囚之己土時逢乙亥財殺。理可從殺妻命。切忌火土透出。以致棄而不盡。若見金七殺之力減削除非年月皆火則殺印相生亦清純可貴之命。

庚日寅月

（丙子時）庚金生於寅月乃絕氣之鄉。再遇子時又為水地。即無丙火之殺亦巳失令無氣。故喜干支有土相生。或見金籍助。如見陰火則官殺混雜。見水則木愈盛。庚金愈弱矣。甲戊兩透威福絕倫。

（丁丑時）初春之金原喜土生。餘寒尚在則喜火溫。所以寅月庚金時逢丁丑的是貴命。丑雖屬土卻是丁火庚金之墓庫。故最好見未冲之。或透己土相生。忌水滅火。見木無妨。

（戊寅時）寅月又值寅時。庚金之氣太弱。然而寅中藏戊透而生庚。亦未見其財多身弱。最怕甲木透干以傷戊土之母體。水亦不喜。因寅旺木且泄衰金。繼塞財財旺而多不足患也。

（己卯時）初春之庚金。大喜陰土相生以成絕處逢生。然己坐卯上干為支魁。己土脚地不堅。是須年月有火以生己土。但總財生旺。更能參雜一點比劫之金。則勝見水百倍。

（庚辰時）庚金日干。時值庚辰。得比肩以扶身。奧印以生氣。雖當寅月絕地巳能返弱為強。所以年月之上得以甲丙兩透為最純粹。萬里挟搖非凡命焉。

（辛巳時）寅月庚金原臨絕地。好在時為辛巳。不但辛金相助有情。且巳為長生之地。此係絕處逢生。但願柱中再有木火定可飛黃騰達。見水不畏。逢金不喜。

（壬午時）庚生寅月。木旺火相。時逢午火。寅午會局。未免蓬而生畏。但因午上有壬。足以駕馭。不致嫌原。況初春猶寒固宜有火溫煖。惟庚金之弱非有土金生扶不可耳。

（癸未時）春月庚金弱而宜生今得未土相生原為所喜至於癸水傷官泄弱金生旺木似乎疣贅但癸終喜土來相自慧縱盜氣而弗重苟再年月火以煖之及土金生扶之則大佳矣

（甲申時）庚生寅提甲申申時元庚祿居申甲祿到寅金木並能通根可謂身財兩茂但此際木盛金衰終喜土來相生不喜比劫奪財見火則庚金更弱見水亦非所宜

（乙酉時）庚日而遇乙酉與庚合酉為庚旺雖不能化金究財來就我月令在寅金衰木盛有土生金則力能任財不宜見水以免衰金被泄旺木仍成財多身弱富屋貧人之象

（丙戌時）庚金日主戊土時元雖云土以生金無如戌為火庫寅戌會成半局時干又透丙火生當寅月絕氣之庚金大可棄命而從殺如柱有水土便不作棄命論以印比為宜矣

（丁亥時）庚生寅月木旺火相時見丁亥寅與亥合又生丁火是即財官太旺天元羸弱之徵必須歲月之上土生金助或則日坐辰戌申之地乃濟

庚日卯月

（丙子時）庚金生於卯月木威金衰再有丙火之制子水之泄子水再生卯木財愈旺而金愈鈍矣是必有土相生乃成上選柱中不可再有木火或水若逢比劫自收扶助之功

（丁丑時）庚生卯月時上透丁木以生火財有力妙在時臨於丑正印生身此乃財官印相生之佳格歲月逢七

（戊寅時）庚金胎於卯絕於寅大喜戊土之生身其餘干支如再有土恐庚金埋滅則須有木以救之苟無土金則木火斷不可用以犯財官旺處則身傾之虞水亦不喜

（己卯時）卯月卯時財星疊見庚金日主雖有己土正印之生而犯財多破印之病必須有火生土庶己土有根然

庚日辰月

火不宜多木更可廣最好得比劫之金方能中和。

（寅辰時）仲春之庚金原非生旺然逢庚辰時元輔之前之反弱為強年月再見木火但教不過分亦異富格如木火重重則此時之庚辰原不強盛仍作身弱論也。

（辛巳時）庚金值辛巳時巳為庚金之長生辛乃同類似乎身強不知卯月之辛金正當絕地何能相扶巳火之長生究為尅氣為得有情所以仍須見土方妙。

（壬午時）卯月庚金木氣正旺時逢壬午壬水生旺之木午火有旺木之生庚金無力必須印綬之土生之比劫之金助之不可再見水與木。

（癸未時）未為庚金冠帶之鄉日令在卯雖居弱地未土時元足以生之矣癸水難恐生木助財幸而自慕水不為忌但教餘柱之中雜以土金終為富造偏庚坐辰申戌三支雖木火亦不妨矣。

（甲申時）庚日申時歸日祿日元通根即生卯提亦不為弱但甲木財透正值旺鄉較量重輕猶是金不及木甯可生扶不喜財官水神洩身生財尤忌。

（乙酉時）卯月酉時日元為庚卯酉六冲羊刃出鞘庚雖歸旺於酉時奈乙木亦透財來相就乙祿於卯財更通根。三春之草劃盡還生最好水土並見則水潤巳刈之根土殖不強之金。

（丙戌時）庚生木旺火相之時丙火戌土資其庚金惟卯與戌合丙火勢熾庚力較衰苟年月無土祇可棄命從殺。

（丁亥時）庚日卯月時逢丁亥亥卯會木局以生時上之丁固為火煉庚金必成利器但若五行無土則有火而無爐冶而難成土為必要之神若柱有比劫不過略分財力無大效也木火大忌水亦無益。

八字提要　庚日辰月

一〇六

（丙子時）庚金生於辰月巳具進氣之象然尚不宜火剋所以時上丙火七殺有鵰金受制之嫌時遑子水傷官與辰土會成半局似可通制丙火蓋惠庚金雖然丙火稍歛炎威而庚金終被洩弱力量故須木土並透俾庚丙互有所蒙。

（丁丑時）庚生辰月丑時金得兩土之生祇因辰丑皆爲寒濕之土生氣不足故喜丁火煖其土冶其金乃成豐城利器遑須有財以生官透印以生身財印兩全富貴可操左券

（戊寅時）庚金生於暮春辰中戊土透霹生氣自足況戊坐寅上印臨長生如在清明十二天後更其土旺金相有得天獨厚之象故爾不妨見財但財不可多如見火則生旺土亦所弗畏金與水可做履視之

（己卯時）季春之庚金貓喜土來卯育時上透出己土正印正當旺令貓慈母育子淘足時已然宜年月有火則母體更健良以己坐於卯正印自臨受剋之地非得火之洩木生土不可再有水木便成下格

（庚辰時）生於辰月之庚金又僱庚辰時兩庚兩辰類聚有情相生得木火財官爲妙如無木火干頭透水可作金水傷官論以辰爲水庫故也偏木火水全無年月重見土金則是身旺無依孤寒之造

（辛巳時）庚金旣得月令辰土相生而前復得時上辛金幫身於後巳火貓爲剋氣却保庚之長生格屬身旺可以時上七殺爲用如能丙火透干則丙火通於巳殺通於祿於巳辛合殺爲貴之命也

（壬午時）庚金日干時逢壬午月令建辰金水土春色平分毫無輕重土旺之金宜火煨之壬臨午上火力不強是宜再見財星以生午火之官而泄壬水之氣見土春土亦佳但必一生勞碌矣

（癸未時）庚金而生辰月未時如在土旺用事未免土厚金埋辰中癸水雖透如年月無財則癸水不起作用必要干頭見木則木賴癸生而力足始可疏其旺土而庚金以顯大忌再見土火與金亦不喜

（甲申時）庚日甲時通根有助兼遑辰月集印生身日元強而喜甲木偏財或謂此除土旺甲又自絕於申不知五陽艷處即是生機借日不然終在春令即使土旺而木氣未哀況復申辰會而生甲乎獨忌見金

（乙酉時）辰中一木透於時干下坐於酉乃真臨絕地好在三春苗雖刈而根不拔正財可用乙與庚合財來相就

（丙戌時）庚金而遇丙戌時七殺透而自墓喜得月令在辰與戌相冲其庫以開而庚賴辰戌之資不算身輕殺重

因非秋月金不能化金柱中不可再見土金見火財減見水財增

（丁亥時）庚乃頑鈍之金又在辰月旺土之時必得丁火之煆煉方可鑄成太阿之利器亥中有甲木以生丁不致

如有傷官食神以制之定必獨權獨斷一世光榮見木宜少土金不忌

官星受傷最宜干透木土木則泄水生火土則生金斲木成大富貴亦壽考之命矣

庚日巳月

（丙子時）庚生巳月雖係長生究是火旺之初金不為堅強時上透丙火得祿於巳縱云丙火不鎔庚然嫌尅制最

宜有土相生有水制殺必掌政權大忌木來泄水資火則為貧天之命矣

（丁丑時）丁乃後天之火力足鎔金況又庚生巳月丁火乘旺超於庚金得長生之資幸賴丑時丁納於爐灶之中

己丑半局助金如見水則曲突無烟如得木土兩透則火官星與庚金得長生且戊土亦坐生於寅庚金頗有生機然寅木財星亦是火之

（戊寅時）庚金日主巳火月令巳為戊之祿庚之長生於寅庚金頗有生機然寅木財星亦是火之

長生以致燥土不生必須得水潤之方有活氣柱中無水便為下格

（己卯時）巳月庚金火旺土相己土透干以生金卯木在時以生火中和為貴金木火土各行其是喜再有壬癸以

濟之淬之所謂靈金生於夏妙用玄武是也倘見甲乙則印綬受制生氣索然矣

（庚辰時）庚日庚時枝連同氣生當巳月長生辰土印星得祿係身強之格所以見木定為富人見火當為貴客木

火皆余輔以一位之水則必立業建功榮華絕頂

（辛巳時）庚日而生巳月巳時火力多生氣少剝而不純雖有辛相扶然區區之陰金為助蟇微終不能作生旺看

庚日午月

（壬午時）　庚日午時月建在巳官殺混雜幸賴壬水食神將七殺透為制伏惟尚嫌水源不足蓋壬水絕於巳氣乘不強弱使壬水發育健令故以見比刼為上

（癸未時）　庚金長生於巳冠帶於未不為無氣即云火旺土燥幸有癸水以和之不可再多火土惟若見土而又有木癸水可以保全則亦無害蓋此條之關鍵全寄託於癸之一水耳最宜者或比或刼也

（甲申時）　庚金得祿於申時遇日氣甲雖自絕於申在夏初正值暢茂而條達自能有助於月支之殺加以巳與申合合殺勝於制殺故可用取財殺且身殺兩強財權並盛必矣祇可見水生木不宜以金伐木此着不可忽

（乙酉時）　乙與庚合時酉為庚之旺鄉巳雖屬火會酉成局倘再支逢丑土而柱中不雜一些木火則是化金之格而作名公鉅子若再見木火總是身強喜財官亦非薄命

（丙戌時）　巳月庚金刼中有生時逢於戌為火之庫而實土之本質亦刼中相生不料丙火高透雖陽火不能鎔金但終嫌熾烈矣須得玄武之水以相解大怕木透不帝助桀為虐

（丁亥時）　庚日而值亥時逢巳火巳亥交冲火愈冲愈旺水愈冲愈衰丁火遘值旺鄉亥中藏甲又在暗中泄水資火大有星星之火足以燎原庚被鎔解矣欲其靜而不流端非水土之力不為功

庚日午月

（丙子時）　庚金生於午月火勢正盛又得丙火七殺透干庚愈力弱雖時逢子水與午交冲但猶水不抵火必須傷食高透輔以比刼則庶幾耳或見己土生庚殺印相生更有權可振

（丁丑時）　午中藏丁丁遘時元正官得祿火煆庚金若非丑之濕土生金則庚金難成利器然須年月食傷印綬之並見方為俊秀之命大怕木生旺火

（戊寅時）庚生午提時臨寅木寅午會局火土旺相似戊土可生庚金然焦烈之陽土實不足以生金反有埋金之慮最好柱中有木疏土有水濟火有金比助。

（己卯時）午中藏有己土生庚金日元時為己卯成財官印三寶然而較量輕重終嫌火旺而財被火泄必須有水透干則財既有根火亦稍殺而為算榮安富之命矣。

（庚辰時）庚乃頑金必需火煉生午月固足錯鍔之而成器然因時值庚辰土金生扶使庚金無身弱之嫌轉覺火候不克純齊故以年月逢木為佳有木不畏水但不喜再多印劫耳。

（辛巳時）庚日巳時生中有尅辛金屬陰助力不強庚金未為生旺喜有印以資之與傷食之制火者為妙不合見財恐長官殺之焰也。

（壬午時）庚生午月又值午時兩火一金勢不相稱妙有壬水食神與火相調大忌戊土奪其秀氣而己土則反為所喜因己為陰土得祿於午晦火生金故也木不宜金則喜。

（癸未時）庚日未時與月令之午相合官印相生有情然而未土位在南方中藏乙木丁火財官因而火旺為忌則癸水在所必需是宜與有金以扶投墓之癸而以木之泄水生火為大戒也。

（甲申時）午月火旺之候再有甲木生之本屬財官旺而日主弱也喜其源於申時歸日祿庚金遂爾弱而弗弱甲絕於申死於午朽木難雕非有癸水未免財星無根畏比肩之奪財傷食以解之。

（乙酉時）乙與庚合財來就我雖不化而終有情乙木長生在午而午火亦賴乙木之資時臨酉位羊刃劫財最喜壬水生木又與午合乃巨富之格。

（丙戌時）庚金日干見丙火火固不致金被銷鎔但因戊時燥土不生庚金且係火庫會午成局夏日生爐究屬可慮見陰水尚不能濟非陽水不為功此境最怕有財然若滿盤木火而無水土則當以從殺論矣。

（丁亥時）丁火得祿於午時方九夏固足鎔金好在亥水時元以成既濟俾庚金不致受尅太甚最好年月有陰土

庚日未月

生庚與比劫生亥定必學優則仕而致高官厚祿也。

（丙子時）庚金誕生未月九夏鑠金再遇丙火殺寶身輕金憑子水之濟其火未土之生其金遂能全其中和柱中見金幫身見土生烏見水制火皆爲所喜獨不宜再有木火如巳土王用焉則財官非所忌憚矣

（丁丑時）庚生未月未爲財庫時臨丑位乃庚庚丑未六冲財庫大開況未月土旺之成分爲多原喜冲勁俾坳氣活而生金因而時上丁火一官獨秀確是命中瓌寶略有一點水以潤之水以生名利雙輝之人

（戊寅時）未月庚金母氣正旺蓋以戊土自坐長生透出干頭尤有土厚埋金之弊而燥土不生印綬有名無實所以必須水以濡之木以疏之時上之寅雖本寶爲木但係火土之長生故尚宜別見水木耳倘再見官印埋沒終身矣

（己卯時）庚金生於季夏未中己土透而生烏互行土較厚寶喜有卯木正財乃卯未半局以疏旺土不忝富命矣忌官印之透惟喜傷食之生財

（庚辰時）日元庚金既肯當令之未土爲生旺再逢庚辰以助旺相之七金遂犯太過之嫌乃水與木火最所企求然雖得火煉金未能禁火不去生土故弗及水之泄金木之制土爲更有益耳

（辛巳時）庚金日主時臨辛巳辛爲同類巳係長生月令在未乃値正印一派生扶病在太過然見官殺之尅則惡

（壬午時）未月旺土司權庚金得秉康健之遺體原宜一面煆以火一面淬以水庶干將莫邪新發於鋌壬午時元其燥烈宜乎得水相涸而木透干頭庶幾五行抒配八戀四平耳

（癸未時）月時皆臨於未土正印雖爲陰土惜其燥性喜癸水傷官之透雨露潤濕燥性去而生氣顯如能柱逢乙原少可惜但獨須金木之互見成大名立偉業矣

卯雖不能成雜氣財星裕亦是財得根華之造名利過人切勿有火恐生土而礙水致有軒輊不均之弊。

（甲申時）季夏庚金本屬有根況時臨申位得祿通根乎身強則喜財甲木原是喜神然因甲木自絕於申休囚而不生旺非有傷食之水以生之則一點財星真有名而無實矣。

（乙酉時）庚金日主既有月支未土之生更有時下酉金之助身強之命必須互尅方妙兹其時上乙木透自未土揖綱財星可為我用歲月之間有水或火均屬喜而不忌祇怕印與比刼耳。

（丙戌時）庚生九夏時逢丙戌天干如火傘當空地支猶洪爐鼓鑄使庚元鎔成金汁凝結為難是以殺重火多為病惟有柱逢陽水始為對症之良藥陰水力㣔不逮木火則為大戒。

（丁亥時）未中丁火透出時干厭名雜氣官星亥中納甲丁火賴其暗裏相生官星有氣庚得未生亥潤亦屬有氣此乃火煉庚金必成大器之命四柱比刼弗忌木火無妨大喜得水以及濕土。

庚日申月

（丙子時）庚金生於申月名建祿格根通氣旺時干露丙獨殺流清子水傷官制伏兩殺可謂抒配得當但時值金旺水相子申會局不免制殺太過必須有木泄水而生火方是有為之命如見土而成殺印相生便減色采因土能晦弱火又生當旺之金也。

（丁丑時）書言建祿生提財喜透官兹則丁火官星透出時干似足化頑鐵而成精金惜乎丁火自墓於丑雖成官印相生究以火衰易晦必須歲月見木則丁火有根且土被抑矣尤喜透甲合建祿財官之旨更以庚劈甲甲生丁丁煉庚三物俱備相制成為第一等命造。

（戊寅時）庚生申月而值寅時戊土得遇長生生旺太過之嫌寅乃財星建祿所宜然如寅申交冲根株受傷故必年月干頭申中之壬寅中之甲水木並顯方妙苟無水木而見官殺便非上選大忌見金定為貧命

八字提要　庚日申月

（己卯時）　孟秋庚金氣勢正銳不宜再來己土正印。而喜木火財官之尅。雖時臨卯木終覺獨木難支大廈必也年月干支水木配合乃能財星有根而爲富命倘木火兩全富貴絶頂

（庚辰時）　日時均是陽金生初秋申月比肩既重不宜再有土金生扶矣奈何時臨辰土再生金終有太過之應必須歲月透壬則爲金清水秀再能以木配之定以藝術文學自由職業而致鉅富也

（辛巳時）　庚爲頑金時透辛月支申一派比劫太旺爲病幸時臨巳火尅氣可許必發苟見一火而輔之以木亦名成利就此蓋金多爲病以火爲藥有病有藥爲可貴也

（壬午時）　申月庚金質堅而勁時臨壬午固是火以煅之淬之蕃謂金多金光以有壬水涵漱不患比劫之再見然因與午中之丁相合有情火方式微總須干支之間有木以生其火方顯妙用大忌陰水卽不成器矣

（癸未時）　初秋建祿之庚金甚喜壬癸之相泄今得時上癸水傷官以泄方威之陽金應不忌而甚喜祇因癸水自墓於未水力微薄所以忌火土之多則雖英雄而用武無地矣

（甲申時）　庚金日主月時均值於申所謂祿多不貴而況甲木財星兩逢絶地乎是必干逢壬癸庶幾而低首下心而相從如

（乙酉時）　乙與庚合而生甲月酉時區區一點陰木不能與成壘之金相抗惟有佗佗俔俔低首下心而相從如能不見火乃化金之眞飛黃騰達無疑矣見火仍喜財官或傷食

（丙戌時）　月建逢申之庚金堅剛無比時逢丙戌雖庚之母氣但係火庫不殊爐灶生中未嘗無尅得丙火之顯露乃爲殺停勻之格柱中祇可見水與木則七殺既有所制復有所生雖本質屬水却有生起丁火之

（丁亥時）　建祿喜見財官乃不桃之論歟所以庚生申月時遇丁亥亥乃木之長生雖本質屬水却有生起丁火之效用況丁亥干支五合原屬有情乎苟年月有木尤爲盡善如見陽土陰水必其勢碌碌無成金之忌見固盡人知

之矣。

庚日酉月

（丙子時）庚金生於酉月值旺氣逢陽刃必要官殺之火始能相制相成茲其時上之丙固所需要時元之子雖屬於水而不致傷及丙火似亦無礙但時令金旺水相火勢退化還當見木以輔之不可有金之幫身土之生金與水之尅火。

（丁丑時）酉月之庚堅實無比所以同一火也與其見丙不如見丁蓋丁為後天之火足以鎔鍛頑強之金但丁火助丑未見有力酉丑又會半金局殊嫌太過則柱中大喜木火之扶植陰水最忌土金不宜。

（戊寅時）酉月為庚金之旺鄉不合見土以相生所以時干戊土乃其病神土既為病則木為對症之藥時支寅木應作喜神矣不知地支之質不純寅為戊之長生尅中有生必也甲木透露則身旺任財財遇於根之富格比劫大忌見火則當以官殺為用。

（己卯時）仲秋陽金非木火不為功固千載之定論所以時支卯木財星尤屬瓊寶無如月支在酉將卯冲破區區之財騎蕩殆盡而當旺之金又有己土以資之庚金愈旺是必餘柱有火制金有水生木再透甲乙始是金剛木駢商賈致富之造。

（庚辰時）酉月當旺之庚金再遇庚辰時元比劫重重又有土生生旺極矣倘柱中並無木火則應從其旺氣為斷切忌火之逆折見木火仍以財官為用辰中藏癸但欲透壬或癸必是秀發之士或見亥子亦佳。

（辛巳時）庚日巳時七殺值長生生中有尅而亦尅中有生似與上條從旺相等不知子平之理有殺終以殺論故宜丁透出輔以甲乙之木不必水來制殺始是有作有為殺刃相濟之好命。

（壬午時）以頑鈍之庚金生當酉月愈覺堅實妙在時逢壬午扼江流以磨洗鼓洪爐而銷鎔水火兩不相礙而並

八字提要　庚日戌月

可喜但若柱中無木則火候不純故尤以有木與否為評論價值之低昂也。大忌有土則火被泄而水被塞矣。

(癸未時) 庚金冠帶於未生意自足再逢酉月氣盛之候誠屬銳銳為奇未中乙丁財官暗藏而癸水可生乙木倘得財官再透富貴無疑印綬比劫仍以迴避為良。

(甲申時) 庚金日干臨申祿月坐酉刃比劫奪財財透亦無所用況甲木絕於申氣弱巳甚乎所以即有火以尅金亦有權無利惟得水生財或財多則短中之長先貧後富。

(乙酉時) 庚生酉月又值酉時辛刃重逢命硬巳極時干乙木臨酉絕地。遂為環境所化不能獨立故是乙庚化格也但若再見甲乙寅卯則為財旺身強有火則化金格破而以官殺為斷欲其化合之成端須僅有土金兩者

(丙戌時) 仲秋之庚第一須尅不論火之尅我與我之尅木均可為用今則丙火獨殺以戌土火庫助之縱不能鎔解堅剛當旺之庚究巳合於強者抑之之義矣是宜年月再見財星或則官來助殺皆有一番作為

(丁亥時) 當旺之庚金喜有丁火之煉惟金有二而火匯一縱亥中甲木暗生丁火猶覺火力之不充物必須年月有木使丁火不熄或則有火以擴張其焰乃成優劣之命大怕癸水戌土亦非相宜。

庚日戌月

(丙子時) 庚金生於戌月。時逢丙子如巳土旺用事則丙火之光晦而不揚必待木以疏其土生其火庶七殺可用。按丙火原坐子水之上不宜再有壬水透干以剝奪其力量所以土金水三者均非所宜而木火之相需甚殷不言可喻矣。

(丁丑時) 戌中藏有丁火今露時干庚金日主。最喜得煅煉月戌時丑其實皆土既值土旺丁火之力極薄是宜木透干頭。方能死灰復燃而顯財官之妙用矣。大忌癸水以傷官晷壬雖合丁亦非宜也。

(戊寅時) 戌月庚金季秋旺土生氣正戌再有戊土印透下臨寅從長生土厚金遭埋沒。尚何疑義所以寅戌雖會

火局。或再有丙丁透出。亦非上格。良以火生當旺之土。徒增埋金之病。是必陽木爲救則斬關直入旺土亦爲辟易矣。

（己卯時）庚日主戌土月令已甚生旺。時逢己土臨於病地之卯。自不同於戌土臨寅位長生。故己雖忌而爲惠。殺輕不致土厚埋金。最好乙木出干。或支逢亥卯。則爲身旺任財之格矣。

（庚辰時）庚金誕生土旺之戌。而又時值庚辰。勢作從旺之格。如見甲乙則力不敵金。倘遇有一點之水駛發可俟矣。合未免用神莫屬。故祇有順其生旺之氣勢作從旺之格。再喜土金生扶。

（辛巳時）庚日巳時。乃其長生且爲旺土之祿。再有辛金扶助。致犯身強太過。然巳火終係七殺。但教年月有丙或丁則官殺通根於祿旺輔之以木生火制土。自亦不凡也。

（壬午時）庚金質本頑強。再生戌提旺土之候。時逢壬子似可洗之煉之以成利惜乎此際之壬水易爲旺土所掩。而午戌又會局生土。距非盡善。故宜干頭木透壬水生之。使秋木以樹疏土之功亦上格也。

（癸未時）秋杪土旺司權。庚日再誕未時之陰木亦值休囚切忌見金以損傷。然未中藏有乙木財星得癸水生乙。如能引出天干定致

（甲申時）庚申時名爲歸祿時通日氣月令在戌旺土生金。致嫌身旺太過。故時上甲木財星洵命中之精華也。

（乙酉時）日爲庚時透乙。乙庚爲道義之合。在此土金距旺之秋理可化金。況復時落於酉。又是庚之旺鄉。切忌有火尅金。或見木而被金尅皆非化氣之眞矣。土金本所弗畏。儻置生扶可也。見一點木火便爾破格下賤之命

（丙戌時）戌爲火庫庚金既生戌月。再臨戌時。丙火高透縱在七旺用事亦不足以晦其火而埋其金也。如得有木固爲上選。惟不可再見土金以對抗火熱耳。

（丁亥時）庚金理當火煉千古不磨。月令在戌戌中藏丁。今乃引出時干一官獨秀利器必成矣。若地支再得寅卯。

八　字　提　要　　庚日亥月

一一六

天干則露甲木乃偉大之格必大富貴亦壽考矣印生劫助即是庸命。

庚日亥月

（丙子時）亥月水旺木相庚值病地時逢子水水冷金寒非火之力量不足以使水流通金有生氣丙火太陽雖能解凍尚不足有益於病地之金所以有印綬之土為最要蓋不但生金且可抑制旺水也金木並不為忌。

（丁丑時）十月之庚金水旺洩氣固喜土以生之火以煖之茲則時逢丁丑似乎深合寒金需要然丑雖陽土位在北方而有寒土不生之慮雖丁火可以生起丑土但丑為丁墓亦為庚墓必得干頭土透輔以甲乙木生丁乃為上格。

（戊寅時）亥月病地之庚金得戊土以生之沉疴可以立起時臨於寅寅乃丙戊之長生戊土亦非無力洵為身弱喜印之標準歲月干頭再能有火則金木水土無不生氣活潑矣。

（己卯時）冬令退氣之金第一要土蓋不但金賴以生且水賴以抑時枝之卯雖可泄過旺之水亦可咸發寒凝之土故必見火則己土有所恃而金水所束之寒氣皆除矣不但緩衝於七木之間而已也。

（庚辰時）書謂身弱喜生扶孟冬庚金總非生旺有辰土之生庚金之扶似可返弱爲強但此時令節陽氣閉塞而成金仜年月見火燉之斡旋如無火而有木仍難燉發。

（辛巳時）水寒束縛之庚金喜得巳火之同類其氣遂能少舒矣巳亥交冲火被旺水所射非得年月透出戊己不爲功再能輔之以木使時上七殺能發揮其天賦之本能則必光華一世矣透丙亦佳

（壬午時）庚生亥月亥中壬水高透食神吐秀且得祿通根古訓有食神得祿不逢官之說不知古人此說非所以論冬令庚金之食神良以寒金而無火必致金水寒冷為慮一點午火洵足溫其金水惟年月之間祇可見金不可再見火耳戊土大忌

（癸未時）庚日而遇癸時月建在亥則是金水傷官身弱則宜印時元之未土洇屬必需矣猶嫌水強土薄故以天干再見一位印綬方妙比刼亦喜木火不忌

（甲申時）亥月之庚金時臨甲申甲木長生於亥庚金得祿於申財星有氣日元通根可謂四平八穩然亥水究在旺令申中又藏壬水較量重輕猶是水強所以宜見一位印綬之土以和之或有火透出亦佳

（乙酉時）庚雖泄氣於月建之亥然得旺刃於時元之酉而不虛弱乙木財星來就雖臨絶氣於酉但值水旺木相仍可用財倘能支逢卯未則尤身財俱茂矣若見丙丁主貴金與土不妨

（丙戌時）三冬庚金寒威凜列金氣消沉時元丙戌丙火則太陽當空戊土則煖水生金蓋戊爲火庫丁火暗藏氣尤其有力也其餘干支祇要五行分配停勻不重複多見便佳

（丁亥時）庚金日元遇亥月亥時重重泄氣金沉水底幸亥中藏甲中生丁則水得火煖而流動金以火熔而光顯然以一庚而與二水一火相衡絶不勢均力敵還須金助土生始臻上選

庚日子月

（丙子時）庚生子月水氣正旺時又臨子傷官盜泄愈甚大有金沉水底之勢今得丙火高透固足稍解寒流但總覺太陽之火力不能與金水之寒冷相抵消所以必得土透干頭一面生其金乃克和諧耳

（丁丑時）子月庚金泄氣已甚火與土洇所斯求者也奈何丑屬濕土藏金則有餘生金則不足庚金墓於丑蓋即此理選當年月見木生丁而旺水被過泄方全中和

（戊寅時）庚生仲冬泄氣之子月喜得戊寅時元爲之補救蓋戊土既自坐長生於寅土亦甚厚足以生金掩水而寅木更有泄水之功所不足者缺一火耳苟再火明干頭則生生不息矣

（己卯時）月令在子日主爲庚傷官正在旺令庚金臨於死地則時上己土正印洇爲瓌寶矣無如己坐於卯印臨

病地雖卯木能吸收當旺之水己土究嫌力薄是應年月有火始克呵成一氣

（庚辰時）仲冬月建在子庚金之氣甚類待時上庚金之助辰土生之似可補偏救弊矣不知辰為水庫子辰會局。

縱有比肩扶終覺水戚於金所以柱中還須火土蓋有土而無火則土少活力反恐埋金耳

（辛巳時）庚日而逢辛巳時同氣相求長生資氣為泄弱之庚金所喜但因地支之氣質不純不及天干有力如巳

火之中藏丙戊庚苟再見丙戊出干則殺印無不通根傷官假之為權必成大器矣

（壬午時）庚屬陽金固須火煉時逢午火為之爐灶奈生子月壬水又露水勢包圍將不免倒灶之危不能援金水

傷官喜見官之例良以子午究屬相冲也除非年月透火益之以土方無可瞥

（癸未時）庚金誕生子月中癸水透干爲金水眞傷官格壽謂傷官身弱則喜印此時庚金不強所以未土印綬

足爲補天之五色石也最好未中所藏之丁火能顯露於年月干頭尤合金水傷官喜見官星之旨矣

（甲申時）于月死氣之庚金得臨申時申爲庚祿氣勢稍可擴作甲木財星雖絕於申申子會局仍生木惟是大地

凝冰金寒水冷如得餘柱有火庶藉陽和之煖氣則工善其事且利其器矣

（乙酉時）月令在子爲庚金之死地乙木之病鄉雖合不化時臨酉位幸係庚金之旺氣雖水旺泄氣尚能任財是

須木火並透方用財官育木無火傷官生財此外再來金土亦病矣

（丙戌時）寒冷無氣之庚金絕難顯其本能喜丙火之焰耀則水冷金寒之病去更有戌土火庫以生金則庚金雖

死於子而亦生氣勃如矣其餘干支有甲戌寅午輔之乃身殺並強權操一世

（丁亥時）庚日而遇子月亥時傷官食神雜冕泄而又泄堅金銹鈍不堪亟待鼓洪爐而冶之庶仍可致利用則丁

火一官獨謗尚巳惟亥雖木之長生究不直接生丁故干頭要有木庚金究少生氣更柱中要有土備此二者
上格無疑矣

庚日丑月

八　字　提　要　　庚日丑月

（丙子時）庚金生於丑月雖云土旺終是寒土而時元又臨子水則水愈寒而金愈冷矣丙火七殺透時足以生土散寒應取為用惟尚宜木以輔之或者支有寅木方為盡善不可見土以晦火見金以生水須細參之

（丁丑時）庚金日干生丑月丑時丑為庚金之墓庫且寒土不能生故縱再見戊己透霜亦勢趨埋金好在丁火高透俾土金溫煖惟丁亦墓於丑猶如爐中餘燼年月有木則為貴格土金水三者切忌重見

（戊寅時）丑月庫中之金毫無生氣可言喜戊土之相生環境稍變好在戊坐於寅印臨長生而寅中藏丙暗中生戊煖庚亦非無補然與其彌補於暗中終不及天干火透之為更佳耳若用取印緩甲木忌見火不怕重

（己卯時）庚生丑月丑中己土透霜庚金得其生氣但在歲杪嚴寒之候金水大忌寒土亦非有用至於卯木之財等於疣贅唯阿干上見火乃以生火而火則生土煖金變成節節相生矣

（庚辰時）冬月庚金無從生旺之理即如此條天干兩庚地支辰丑一派土金倘餘柱再見土金不雜財官似可從旺不知丑辰之土其性陰濕皆不足以生金而入墓之金何能從旺是須木火並見使寒冷之土金頓呈活氣始為佳耳

（辛巳時）庚金生於丑月為濕土所包塊然疑結無以自顯其材性茲則時逢辛巳却財助之長生資之尤妙巳為七殺火土相生相剋綜合一體之中矣如能丙再透干而點綴一些之木更無間言矣

（壬午時）季冬之庚雖在土旺而效用不著故庚墓於丑猶石女之無生育也不應再來壬水以增進寒水之氣致土金愈形磊磊可惜尚幸時臨午火差補造化之功但火力微而無根不得木終為下格矣

（癸未時）庚生丑月墓庫之地即少年不發庫中人是也妙乎時逢未土與丑交冲不獨墓庫冲開且土冲而動動則變化而能生金矣尚嫌霜雪之癸水增寒故以未中所藏之乙丁能透為上

八　字　提　要　庚日寅月

（甲申時）
丑月入墓之庚金。縱然得祿於時元之申。勢力仍非強勁。甲木自絕於申。不殊朽木。所以金木皆絕力置。

（乙酉時）
而木尤弱。若以水生木。則金水愈其寒冷。必須干頭有火。而地支益以寅卯通甲之根。始是上命。
以投墓之庚。而值辛刃旺氣之酉時。氣尤可以一振。然以無力之乙木財星相就。未能充分以養命。故須
支見寅卯干頭有火。庶乙木財星通根。而春回寒谷矣。如有未土尤妙。蓋未中藏乙以養財藏丁以溫金燠木藏
己以植乙生庚也。

（丙戌時）
寒冷之庚金。得戌時火庫生之。連帶使丑土印綬。亦有生氣。況丙火太陽當空不殊獻曝貧暄之妙。若巳
土旺用事。則火晦其光制土生火之財星為四柱所不可少。惟天干陽木勝於陰木。而地支則寅卯皆宜。因寅戌
會局卯戌互合故耳。

（丁亥時）
庚日亥時食神盜氣月支在丑黨於北方水位又拱子水。僅有一位丁火官星不足與水相濟最妙亥中
甲木財透財生官官生印印生身。而其作用則庚劈甲甲生丁丁煉庚成為十足高貴之命矣不透甲亦要木火
相生。

辛日寅月

（戊子時）
辛為陰柔之金。誕生寅月。木旺司權。辛金甚弱。理要土生不宜水泄。時逢戊子。雖戊土足以生身。然子水
則長生其名盜氣。實故喜丙火官透。佈戊土更厚。且合辛金溫潤。為貴之旨矣。

（己丑時）
孟春之辛。原慮乎土多而金埋。良以時令木旺。土重何憂。所以己丑之孕育。自不虞丙丁之銷鑠矣
金殊欠溫和。年月得見丙丁。遮辛金之精華顯露。蓋既有己丑之孕育。但因餘寒猶濛辛

（庚寅時）
猶嫌不夠。最好土透干頭。則金得母氣以孕育成為財。得根深印得華之佳格。而富貴兩全矣
辛金逢寅月寅時。本是財多身弱。所以時上庚金喜其同氣能助也。但庚雖陽金逢寅為絕地相扶之力。

（辛卯時）　寅月柔脆之辛金再臨卯時卯乃辛金之絕地其弱不堪縱時透比肩似可為助不知枝連同氣亦在絕氣之方且顧不暇於何為力耶最妙寅中之戊土透天戊土坐長生於寅力能生金方可以辛金為用但與其身弱用比反不如用印之直截了當惟忌陽木破格耳。

（壬辰時）　初春之辛金逢壬辰時辰雖印綬生身却值墓庫濕土生氣無多何況壬水傷官泄弱金滋濕土生旺木乎祇可棄命從財但敎柱皆水木卽淸奇之格倘若年月有火則火以溫之水以洗之所謂溫潤而淸亦為上格未可以傷官見官為忌焉

（癸巳時）　辛金生於寅月木旺火相時臨於巳木火相通時干之癸以生寅木雖寅巳之中皆藏戊土但辛金總覺弱也必得戊出干頭則食財官印成四羊俱弱極逢生為二難幷矣

（甲午時）　辛日午時時上一貴考五行生剋之理則寅月為甲木之祿寅午會半火局以助殺所謂財官太旺天元贏弱之徵必也寅中戊土正印透露干頭以泄火而生金方具富貴絕倫之命或見庚申刧財將常旺之木稍予制裁尤妙。

（乙未時）　寅月胎中之辛金得未時之土生之原無不為木庫而中藏之乙木又露時干仍不克挽救財多身弱之弊柱中選宜有土如逢此刧雖可為助但不成其為時上偏財格矣良以時上偏財忌見兄弟固定論耳。

（丙申時）　辛生寅提時值丙申丙辛雖云相合有情在時令焉能化水寅申一沖似為財星之累但辛金旺氣於申而春木不虞削伐故仍可用取財官丙火長生在寅官星亦然其顯半明燭熖辛金之珠光寶氣畢呈矣

（丁酉時）　辛金生於孟春得酉時日祿通根不致過分屏弱時上丁火獨殺流淸寅木生之可稱身殺兩停矣如其餘干支有水生財制殺亦須有土生金方全中和為貴之道

（戊戌時）　失令之陰金以有印綬相生為第一義則戊土透於時元洵為可喜時支之戌雖係戊土之墓庫幸戊旣

八　字　提　要　　辛日寅月

一二九

一二一

長生於寅寅戌又會局以生起戊土此爲眞正印綬格所忌者僅爲甲木耳。

（己亥時）辛巳寅月遇亥時恰與寅合而財官甚旺賴有己土偏印之資弱金不爲無氣惟三春之土其無力與金相等必待火之生己差堪調劑但終是身弱財豐縱有火滋宜見戊己方可彌縫補闕

八字提要　辛日卯月　　　　　一三二

辛日卯月

（戊子時）辛金生於卯月正逢氣絕之鄉必待生扶爲上茲其時逢戊子正印透而生身子水雖係長生實則滋其旺木最好得庚申刧財爲助則可以食神生財爲用切忌甲透因犯破印之忌致辛無生氣也。

（己丑時）卯月之辛金頗於絕地得己丑二土相資絕處逢生克任月支之財惟辛金之質以喻珠玉還宜水以淘洗則精光燦爛奪目驚人故若年月逢壬日坐或傾亥始是優秀之命。

（庚寅時）辛日而遇卯月寅時財星極旺賴庚金刧財幫身則兩金兩木分配平衡然因春令之金終須土生故干頭第一要有土而土則不論爲戊爲己前人以爲二月辛金喜己土忌戊土埋金之說未免太泥矣苟無土則要有金丁火及木大忌。

（辛卯時）辛日卯月再逢辛卯時元兩辛以敵兩卯財正旺而辛金亦吾道不孤但以時令論則未較金強次以地位而推則辛金皆臨絕地必須再有土金生扶方可身財並旺矣如木火水透干總作身弱論也。

（壬辰時）辛爲珠玉之金喜壬水之淘洗生於仲春卯月更宜辰土之生惜乎卯辰位次東方爲辛金絕氣墓庫之度所以辰雖印綬而生金之力殊微還須干頭得土相生庶無尤耳忌水木重土金則有益火則不需。

（癸巳時）二月辛金挫弱不喜水之洩與火之尅茲則時逢癸水巳火皆是忌神惟巳雖屬火亦係戊土之祿庚金長生但願戊庚透而生扶即不反弱爲強亦可配合中和矣。

（甲午時）辛金絕於卯病於午辛日而遇卯月午時財殺極旺況又甲木高透乎但可以棄命從財爲斷餘柱不以

水木爲忌見土金生秩則破格或謂午中藏有己土棄之不盡者不知己爲旺木所制有何餘力生辛者。

（乙未時）卯月未會半木局乙木透干偏財之木根深蒂固卽云未屬土能生金然卽未爲土質亦被乙卯所尅無力生辛矣亦以棄命從財而論不怕水木之重番祗怕比刼之分奪火則洩財土則生金皆非所喜也。

（丙申時）丙與辛合因在卯月木旺火相斷不能丙火化水然旣丙火官透卯木財以生官柔弱之辛金縱乘旺於申終少勝任財官之力量最妙透戊土而値亥水則辛旣有根而火煖水洗自合溫潤之妙諦但敎有土則金水不忌火木無妨。

（丁酉時）卯月辛金雖得祿於酉時通氣無如酉爲丁火所駕馭則辛金不靈根斷源消況又卯酉之冲乎必須有土方能洩相生火生騙金以成殺印相生如無土則降格以求宜有弟兄以扶之水非所喜尤忌陰水。

（戊戌時）卯月氣絕之辛金得戊戌正印生身洵爲絕處逢生之佳造惟戊爲火庫戌中藏丁暗殺銷金最喜干頭有水以濟之土巳作用木則宜少火非所需金則弗嫌其助。

（己亥時）子平以卯月辛金須有壬水之洗己己土之生今其時逢己亥以亥爲壬祿而論深與上說吻合無間但此外尚有年月兩干歲日二支以何配合爲妙耶根據亥卯半局而財在旺令則最喜庚申可無疑義此外稍雜木火亦無妨乎大體。

辛日辰月

（戊子時）辛金生於辰提辰中戊土透干土旺用事致有埋金之應時臨於子雖曰長生不足以補救埋金必須甲木出干以疏旺土而子水生木亦不致成爲廢材倘有火則旺土更厚見金水則無關乎榮辱苟得金木交差乃爲上格。

（己丑時）辰月土旺用事時爲己丑重重之土柔弱入墓之辛勢必遭其埋滅所以柱中有木卽以財星爲用所謂

八　字　提　要　　辛日辰月

財以破印也最喜水木必爲時勢之英雄蓋不顧名義不擇手段惟以富貴爲目標也

（庚寅時）　辛金日元生於墓庫之辰提辰土生辛則未必埋金則可能故必須疏土之木始爲佳造茲時値庚寅不
喜其庚金相助而喜其寅木疏土如再干見壬甲大富可立而俟奇才亦由天授火則弗喜

（辛卯時）　辛日辛時連枝有助生辰月墓庫之鄉未可謂無生氣則時元卯木偏財足爲養命之源矣苟其露庚坐寅則
成雜氣財星再能支中見亥使比肩無分財之嫌獨怕丙火致兩辛妬合次忌酉金來冲破財根苟其露庚坐寅
則身財交茂矣

（壬辰時）　辛金墓庫於辰月時皆不曾網羅四佈辛金不能展佈其材性時上雖逢壬水傷官但壬水亦墓於辰
等於滄海遺珠館人亦難尋見必得木之尅土火之照水庶能合浦珠還耳

（癸巳時）　辛金墓於辰死於巳時巳月辰休囚之象卻云土旺徒使金埋辰中癸水透露聯巳火似合溫潤之旨但
若無木則土何從疏火何從泄一派烟霧迷茫再從何處得生廳之寶釵乎

（甲午時）　季春辰提正當土旺再値午時以生旺土則土愈厚而辛金沉埋愈深所以甲木財星以疏旺土固相需
甚殷也苟能年月並見庚壬或露丁而坐申定是大用之遺矣

（乙未時）　辰月未時以兩重當旺之土反嫌土重則乙木財以破印深合強者抑之之旨不可再有比
却以奪財並忌官殺之泄財以生土若逢壬癸以灌漑其未定爲富命

（丙申時）　丙與辛合而在辰月申時會局如支逢子水亦以破印水之格以成再考申乃辛之旺鄉四字
已有一土三金何患一丙况丙辛合而尅中有情耶金木水土咸非必忌獨火須迥避之

（丁酉時）　辰月酉時辰與酉合土旺金助辛故辛難入墓之金究因時歸日祿而不弱所以時上一位丁火
七殺尤可作用然丁火猶覺根淺故以歲月有木爲佳壬水不忌獨不喜癸倘若干有土木則癸水亦不足慮矣

（戊戌時）　季春辰月土旺用事時爲戊戌辛金日干眞是土厚金埋矣縱辰戌交冲其土冲動而活但若不見甲木

總是愚蠢勞苦之命。最妙壬甲並透而又日坐於亥則病重藥重大富大貴之造矣。

（己亥時）辛日生於暮春辰月土旺再見己土高透相生太過而有母慈滅子之嫌喜其時落亥水壬甲內藏苟能
壬甲再露干頭必非凡士火非所需金則弗忌如以甲易乙亦甚妙也。

辛日巳月

（戊子時）巳月火旺柔軟之辛金望而生畏務須得水與火相濟則辛金既溫且潤矣所以巳月子時確是佳格。不
過子上戴戊弱水爲生旺之土所迫還宜比刧之金洩土資水爲上若見木雖可疏土亦能生火並非絕對需要。
總喜金水調和也。

（己丑時）辛金生於巳月火初旺而金失令土以生之原無不可。時逢己丑干支皆土似有埋金之嫌幸巳爲庚
金長生丑乃庚金庫地巳丑相會成半金局足以扶助有情而金多不致被埋最妙透出水火則磨洗炤耀而珠
光寶氣悉呈矣。

（庚寅時）辛生巳建其氣休囚巳中庚金刧財透出時干相生故即時逢寅木以有庚金抑制尚不致財官太
過苟再得土相生有水濟火必是非常之造且有純正之風徽焉

（辛卯時）辛時辛日同氣連枝然生病之巳月絕氣之卯時終屬先天不足矣所以還喜柱有土金爲之生扶不
可再見木火財官使辛金更感無力若不得已而求其次則壬丙兩透亦超脫之格也。

（壬辰時）巳月辛金衰火旺喜得時逢壬辰旺火賴壬水之濟弱金得辰土之生可稱極中和之妙假使丙丁透
干餘柱配合一點土金亦無弊病可言但若見木則須有金以制之否則木洩其水生其火未免偏枯矣。

（癸巳時）辛金質柔而不任尅茲其月時皆巳巳雖丙祿與辛暗合究以一金敵二火力有未逮好在癸水食神吐
秀以抑炎上之威但因夏水易涸必也巳中庚透爲之源方屬上格苟再木火之露便是卑下無能之命

辛日午月

（甲午時）夏初巳建雖巳內藏有戊土庚金暗中生金。日干之辛總屬失令力薄時逢甲午火得木而愈旺似可援
陰干從勢之義而作棄命從殺論然因巳中戊庚之故縱未出干亦棄之不盡惟有金木兩見庶爲病藥相濟之
好命矣。

（乙未時）巳月尅辛未時生辛一尅似可平均但因乙木尅未而生巳生機薄弱矣且巳與未拱午火遂使辛金
無力以抗衡須當干見戊庚生扶而餘柱輔之以水乃佳倘能地支見申尤爲可貴。

（丙申時）夏令之陰金大喜生之扶之時臨丙申丙火得祿於巳辛金乘旺於申雖非化水不通根炯巳與
申合丙與辛合丙巳二火有所絆而不爲忌矣故巳月之辛金惟此一條對於五行皆絕對相畏者洵和平載福
之格也。

（丁酉時）辛金得祿於酉巳令在巳巳酉會半金局以助衰弱之辛雖不返弱爲強究是弱而不弱時上丁火七殺。
可以爲用蓋丁爲燈紅酉爲酒綠愈顯辛金珠玉之可貴矣不可再見火如見木則宜少忌多土反不喜恐埋金
而晦火也。

（戊戌時）孟夏巳提火旺土相辛此時尅氣盛於生氣茲以時上戊戌正印得祿於月提之巳土厚異常反而生
過於尅金庫埋滅故須甲木以制戊益之以水俾甲有力戊成之土鬆動辛金鏽鈍脫穎而出矣。

（己亥時）辛日而生巳月亥時雖曰巳亥逢冲傷官見官但此時官旺不忌愛傷反有相制相成之美矣但愛尅之
陰金何堪亥水之盜氣則時上己土偏印生身尚巳故切忌見木陰木尤畏比劫幫身乃最相宜。

（戊子時）辛金生於午月丁己同宮火旺土相然午中己土未透時上見戊則陽土燥而難生金喜得時支子水雖
與午冲究可以潤濕戊土俾陽土之性具陰土之效用矣然而水尚無根還宜庚申陽金相資始可金甌無缺。

（己丑時）午月之辛金正逢病地時逢己丑臬印得祿於午生起病金淘為所喜然其餘干支以見壬庚兩者為得
妙假使二者之中得見其一則雖難以一些木火亦不為忌惟戊土忌見慮其埋金耳

（庚寅時）辛金生於午月本是身輕殺重兼之時又臨寅寅午會殺為凶即得庚劫幫身因庚敗於寅助力
式微最好年逢己土生金或則月有壬水之抑火地支方面以年日坐亥為最佳不必慮其寅亥相合也

（辛卯時）辛生午月火旺金病時遇辛卯辛金雖可幫扶卯木忌其生殺仍是財殺強而日主駟也務須壬癸透干
而有己土地支有申則辛金既乘生旺之氣壬癸水亦有源為必發之造矣

（壬辰時）仲夏旺火鑠金必得水以濟火土以生金乃為上選今則時落壬辰使珠玉得以保全矣若干上見庚地
支值申壬水源流有自偉大之格切忌陽土而木火亦當迴辟焉

（癸巳時）午月辛金固嫌殺重食神癸水淘收制殺之功但因癸絕於午易於乾涸最妙巳中庚金得祿於巳中壬水再透則十全十美矣
上庶癸水有根而辛金有助木火是忌土亦弗喜晨以己土臬神奪食戊土合癸雖生辛金終礙癸水也

（甲午時）辛病於午則月令時元皆值病神即無甲木巳嫌受剋太甚茲甲又透生起當旺之火不啻爐火熊熊珍
珠寶玉勢必銷爍無餘必得大量之金水相救或己土合甲生午中辛以牽制其木始為有用之造

（乙未時）辛日未時未似可生金然因未中乙透以生午中當旺之丁未免剋多相生少是宜未中己土亦透
年干而月上逢庚以合其戊賴此土金之生扶則辛金化腐臭為神奇淘可貴矣

（丙申時）舊言丙合辛生威權之客然此指秋冬之方遂能補福救弊若得申中壬水再透則丙火乘旺於午雖相合有情
終屬所累幸爾時臨申位為辛金旺氣之方惟九夏鎔金終覺火力偏勝除非干逢壬癸以子救

（丁酉時）「火得祿於午辛金得祿於酉」頗具力敵勢均之妙惟九夏鎔金終覺火力偏勝除非干逢壬癸以子救
母或見己土以母護子陰土與水俱全則辛金為無瑕之璧矣

（戊戌時）午月為戊戌陽土之旺鄉辛金頗之以生所惜戊為火庫午戌半局致有火焦土裂之患非特不能生辛

且有埋金之弊故必干頭見甲以制戊輔以壬癸而濟火或有甲而坐亥均屬佳命如無甲而有壬則刦財爲必
要矣。

(己亥時)　辛金生午病地辛時干己土偏印得祿通根生金泄火更賴亥水與火相濟即此四者配合巳臻妙用然
則其餘之兩干兩支於何爲宜耶乃視其土重宜金泄木多須金削有火還須水惟有金水則無妨耳。

辛日未月

(戊子時)　辛生未月土旺金相而火尚有餘喜其子水潤之惜乎子水慕於未再有戊土蓋頭水火薄弱非有陽
金則體象無源決不能普遍應用故此條之優劣全視有無庚申却財爲斷忌火畏土木則利害均等金水最宜。

(己丑時)　未月辛金未中己土梟印透干相生日元有根時臨於丑似頗犯土厚埋金之弊所幸丑未冲而地氣勤
終易發現寶藏最好未中乙木丑中癸水並露干頭如乙丑年則珠玉在前貴可知已。

(庚寅時)　辛金生於季夏雖有旺土相資究屬炎威猶烈則庚金之同類相扶固爲可喜然因庚坐於寅爲絕地而
寅爲火之長生縱使餘干無火還宜陽水補救已土出干始臻神妙耳。

(辛卯時)　未月辛金如在小暑十二天後母氣甚健再有比屑扶身幾使失令之柔金躋於生旺之域矣但因時落
於卯卯未半局生起暗藏之火防辛金之被銷蝕必得壬水逼制則精神畢露大忌戊土以及木火不怕己土與
金水。

(壬辰時)　未月土旺之辛再有時元辰土相資得天原厚而此際正當三伏炎暑未消有火暗鑠賴壬相救茍再透
庚坐申既可扶辛而壬更有源則雖天干見火亦不足慮獨有戊土出干則貴格反成賤命惜哉。

(癸巳時)　辛生於未雖土旺生金因夏令終是衰地時臨於巳又是死鄉故非生旺之象再在伏天火威足以流金
爍石癸水食神似可配耳但此時之癸氣亦休囚故喜巳中庚透或年支見申方可免於疵求。

（甲午時）辛日而遇未月午時。未為衰鄉午為病地。雖云土旺究嫌其燥。加以甲木生火。遂覺旺土不足以生金旺火反足以燬玉。是須金水並見。一則尅木而扶身。一則制火而護金。乃合生尅制化之旨矣。木火大忌因難棄命故也。

（乙未時）季夏未建之陰金又遇未時。土旺用事。遂覺生之太過。而虞金埋土中。時干透乙固喜疏土。但不知木能生火。此除火勢猶熾。但願壬透申藏。則截長補短吾何間然。

（丙申時）季夏建未之月旺土司權。然以三伏炎天炎上之勢尤感柔弱之辛金殊不能與火相對矣丙透時干。辛相合尅而無傷炯值申時辛金乘旺申中藏壬可以制丙以此而論強弱相當正官可用故忌財之壞印與官殺之制劫金水為喜木無大妨。

（丁酉時）丁生土旺之未提不為無根時又臨酉歸祿通根則未中丁火殺透尚不致身輕殺重祇以未為燥土不足以生辛是宜有水透干庶丁火七殺有制所以寅卯甲乙之財反為大忌也。

（戊戌時）辛日而遇戊戌時即非土旺木旺之未月。亦以厚土埋金為忌所以必有甲木之制戊庶金不沉埋更有壬水之制火則土方滋潤有甲無壬徒增火焰有壬無甲土不動搖均非佳造。

（己亥時）未中己土透干以生衰弱之辛金并有亥時之水制無形之火潤有形之土誠然配合得當苟其柱有庚申則旺土以泄弱水有承衰金得助是必到老榮華一生戴福者矣。

辛日申月

（戊子時）辛金生於申月不旺自旺時上戊土正印。原非必要時臨於子子申會出水局以成金水假傷官水為秀氣則戊土反嫌累贅最宜年月見甲庶去戊土病神且與傷官身旺喜財之旨合矣。

（己丑時）辛金乘旺於申月得令月旺不宜再來己丑土生致犯太過之弊是宜柱有乙卯之陰木庶己丑有所制。

八字提要　辛日申月

金不被埋總之以土為忌以木為藥而用木更宜有水輔之怕金削之。

（庚寅時）申月旺地之辛金更得祿金扶助身強巳極身旺任財則時上寅木財星允堪為用惜乎寅木為庚
所鉛制再被申金所冲破財有動搖之勢是必壬甲兩透財有所生而復得祿始為先敗後興大富之格有甲無
壬或有壬無甲發不足矣

（辛卯時）比肩透出時干以助乘旺之辛金理以時上卯木財星為用但書有時上偏財忌見兄弟之說除非天干
見乙再得水以泄旺金生弱木方可用財唯總立業辛勞時多波折耳

（壬辰時）孟秋申月之辛金氣正盛申中所藏壬水高透是名金水真傷官鍾靈毓秀者也雖壬水自墓於辰但因
申辰會局仍能源遠流長其餘干支以有水木為美火金皆無關係獨忌戊土而已

（癸巳時）辛金生於申月巳時巳與申合時逢癸水是名金水假傷官怕戊己出露以礙其水最喜庚金及木則食
神大喜刧財鄉而又身強任財養命有源矣

（甲午時）申提當旺之辛金力能任財任殺所以時逢甲午財殺固是旺金所喜者也但若水不透干則殺無所制
財無所資猶為缺點必也壬癸當頭則逢一賓富貴無疑矣

（乙未時）以當旺之辛金再遇未時生之頗有太過之嫌乙木高透以制生身太過之印惜乎秋木不繁務須食傷
之水以輔失令之乙斯為美耳見火則當別論見金與土均非美滿

（丙申時）丙與辛合妙在月時皆申申為水之長生可作化水論也但既為化格柱中只可見金水倘得見木火與
土便矛能以化氣推有木火以財官為用多土金則無足取矣

（丁酉時）辛金得祿於酉乘旺於申氣旺則宜泄剋時干丁火相剋然以一丁而與當旺之金週旋甚難故宜木以
生丁秋木無根還喜壬癸佐之印綬比刧不宜再見。

（戊戌時）旺令之辛時逢戊戌申金相助戌戌相生生旺極矣惟以辛乃陰干從勢而無情義但教申中壬透便取

一三〇

傷官然須甲木尅戊爲貴假使戊中丁火出干則當用殺亦因印多有木爲良。

（己亥時）申月旺地之辛再有己土印生即非太過已甚生旺好在時臨亥水傷官大喜亥中壬甲兩透則身旺傷官喜財而有金谷銅山之富矣有水而再有金不忌水木大喜火則須視配合如何土則斷乎不宜

辛日酉月

（戊子時）辛金生於酉月酉爲辛祿日元當旺時干戊土正印生身致犯生旺太過之鄉子水時元名雖長生却可疏導旺金所以喜子水畏戊土必得年干有甲方爲上格大怕生土金必較見火爲更每下愈況矣

（己丑時）酉月建祿之辛金不喜生時逢己丑干支純爲濕土則如寶釵生塵因潮潤而愈污濁土多之病理當以木爲藥然見甲則防合己逢乙則絕於酉毫無用處最好多水爲之冲洗庶塵土去而金光燦矣

（庚寅時）辛日酉月再見庚刧其氣極盛原喜以財爲用然而時支寅木爲庚金所壓迫而分奪財星登損故宜干支有水洩而旺金而生弱木得其緩衝於金木之間而弊絕風清豈不妙哉

（辛卯時）酉月辛金而生卯木時逢辛卯雖可喜而辛金比肩犯建祿之忌且卯爲陰木絕酉逢冲尅金戕賊猶如敗柳殘花能有一火以尅金再有一水以生木亦敗中有成之命

（壬辰時）八月酉建之辛逢時元辰土正印犯生旺之忌辛得壬水透干傷官毓秀金水相通駿發之造大忌戊土有戊必須甲木或不見戊而見戊則皆良比刧之中不忌申金見火非宜

（癸巳時）辛金建祿於酉時遇癸巳巳屬火刧係金之長生巳酉會局辛金生旺喜癸水食神之透金水相激秀氣所鍾大忌戊己出干便是濁而弗清丙丁二火見一爲貴東方之木斷無不尊支遇亥子乃純粹之貪神格矣

（甲午時）書言建祿之格大忌財官酉月辛干而時遇甲午財官洵景貴命最好壬癸見一使秋木得所生七殺有所制定作寒門貴客良以建祿之命大抵遺產難承者也。

（乙未時）酉月未時辛金有生有助頗覺太過幸爾未中乙透財以養命木以尅土合於建祿不宜身再旺惟專茂財源之說定為富命所惜者尚覺秋木無根地支寅有亥水更勝壬癸透天矣比却大忌印亦非宜

（丙申時）辛金通根於酉乘旺於申申為水之長生故有作為丙辛化水著不知月令在酉可化金而不可化水諭命最重月氣故此條祇可用正官若見壬水則須有木以洩土如戊己之土不見為佳切莫拘泥有官須有印之說也

（丁酉時）酉月辛金名建祿酉時辛金日歸祿誠多矣時逢丁火獨殺奈何無制無根須有水木為配差可增高地位大怕再有土生金助并將水木之效用削弱

（戊戌時）戊戌正印生酉月又是辛之冠帶縱非生於酉月亦慮其太過太旺宜疏不宜尅然若見壬洩金則壬水被戊土尅制恐難顯其本能故有壬庶戊土不敢侵壬矣火與土金皆不可參雜

（己亥時）辛金得己土生身再生酉月建祿當旺之時雖陰柔之金卻亦甚強時臨亥水金水有相涵之妙如得亥中壬甲兩透富貴可以操券見火不忌然當改用財官也

辛日戌月

（戊子時）九月建戌土旺用事辛金此際已甚有根不應戌中戊土出干致犯金埋厚土之弊雖子時為水不能洗刷土中之金況金必須甲木之透支逢亥水或透壬癸俾傷食生起財星大富之格

（己丑時）辛金誕生九秋土旺金相不喜再有土金生扶免蹈太過之病茲其時逢己土以增土勢遂使白璧明珠沉埋厚土苟使救以甲木則有合己之嫌不如有壬水冲去其土以顯其金陰木雖喜為效太微耳

（庚寅時）季秋辛金母體剛健再有時上庚金相扶反似畫蛇添足時臨寅木財鄉似疏旺土然因寅戌會而生土仍然無用必得陽水以濟火陽木以制土地支再有亥水乃必發之命

（辛卯時）　辛日辛時已非孤單無助矧在九秋旺七之時生旺甚矣時雖值卯既受辛金之剝削而又卯與戌合絕無效用須用水木之並露則財得通根矣大忌土金火亦弗喜

（壬辰時）　戊月之辛金又生辰時正印重重固有埋金之慮幸爾辰與戌沖土性雖厚尚得流動所以時上壬水傷官足以沖刷其土洗淨辛金矣有甲更妙苟使支逢申亥更覺精神百倍

（癸巳時）　辛金生於戌月土旺之時支巳火為旺土之祿火以晦而土更厚一點癸水食神不足以淘洗辛金如以木疏土則有生火之嫌若以金生水則犯身之忌祇有以水助癸為最適宜

（甲午時）　辛日而生戌月午戌會局幷有甲木生殺旺相之辛金亦不免蓋火而生畏故以干頭有水為必要條件果見水則雖雜以土金亦無大妨惟不可再逢木火

（乙未時）　戊月未時適當土旺辛金之柔忌其沉埋致犯母慈滅子之患必須木來相救然因秋木凋零乙木得水之滋溉則菊有黃花以點綴其三逕切弗同類幫身亦怕火土

（丙申時）　辛生申時為乘旺誕於戌月値冠帶生旺之金無畏乎丙惟丙辛雖合不能化水但又用官若其申中壬水出干則壬以洗之丙以燿之迎眸生態咸知珠玉在前瓦礫自慚形穢

（丁酉時）　辛金日主時臨於酉歸祿通根生在旺土之戌提日元殊健戌中藏丁出露時干以殺為用熠光之下墮珥遺簪彌覺華貴惟年月天干以水木俱備乃為上格火則巳足土金無畏乎爾

（戊戌時）　辛金而遇戌月戌時已足將辛埋沒何況戌中戊土又透時干如此印綬重重確是母慈滅子是須壬水以沖之甲木以疏之否則毫無用處如再見金則身旺土愈厚皆柄鑿也

（己亥時）　辛為柔金時透己月坐戌亦有埋金之慮好在時逢亥水為木之長生水之祿旺餘柱有水木是為優秀之命官殺與比却雖不大忌究以不雜為佳

八字提要　辛日亥月

辛日亥月

（戊子時）辛為陰金喜水洗濯則不染纖塵茲生亥月子時子雖長生究以食傷夾雜泄氣為嫌所以時上戊土正印抑旺水而資弱金恰到好處年月之上苟再見一位丙丁尤為可喜惟既傷官佩印則甲木財星理應忌見矣

（己丑時）辛生亥月寒水之氣初生弱金之力暗泄時逢己丑二土似可相救然己丑等於泥淖寒濕過甚最喜太陽之丙火出干參以一位陰木以制陰土而泄水分則辛金轉得溫和潤澤矣

（庚寅時）亥月辛金傷官泄氣喜得時逢庚金助之遂有力量任受寅木之財矣寅與亥合當旺之亥水仍健不可再逢木火水土少期不妨但不及比刼為佳

（辛卯時）辛金日主生於亥月卯時水旺木相亥卯又會木局未免財旺身衰得辛金比肩以扶之差堪振作惟力量峋薄假使干支及暗藏再見木火自非佳格獨喜陽金而土則無可無不可

（壬辰時）辛日而生亥月壬時傷官毓秀時臨辰土固是印綬但辰屬辛壬之墓庫當令之壬水不忌入墓柔弱之辛金休囚是懼故喜丙丁得透其一以生辰土為妙惟若見丙餘無土雜則成丙辛化水之格亦富貴絕人也

（癸巳時）亥月而時干透癸辛金日主相涵郎為秀氣所鍾時臨於巳雖與亥沖然得亥中甲木暗生其火不致熄滅辛得溫潤矣忌戊合癸已刼癸致水濁而不清木火以見一位為貴金則弗厭其多耳

（甲午時）月令在亥為甲木之長生辛日逢之養命有源但以水旺氣泄之辛金不能任受豈可再以午火鑠之乎是必見庚或申努力扶助以削木而扰火為榮至於印綬之土雖可生金但怕減低水之秀氣耳

（乙未時）亥月辛金時臨乙未雖再會木局幾乎滿盤皆財若柱無比刼之金以分任之及火土純為水木則成棄命從財之格因妻致富成家否則見土仍無用見火則更弱惟喜比刼之金以分任之

（丙申時）丙與辛合節屆初冬水旺時臨於申又是水之長生似可合而化水然亥月水旺木相丙火絕處逢生不

一三四

一四二

是真化應從強弱方面消息之。按辛金既被水洩於前。又為火制於後。申雖幫身猶覺不夠。最好庚透年干。或日坐酉祿方可調和。

（丁酉時）酉時辛日歸祿通根。縱生洩氣之亥提。而金氣仍全丁為陰火。多則爐冶傷辛。少則九微耀彩。況此際之丁火不能肆其威力。尤是傷官假殺之格。倘再透壬合丁。更勝土來洩丁。百倍木則宜少忌多火則大怕再見。

（戊戌時）亥水月令即辛金之秀氣。時逢戊戌干支純為陽土。幾將水之秀氣蠹蠧故當以土為病但若治之以木。不如醫之以金良以木雖尅土而亦可以洩水遠不及金之洩土生水猶陳倉之暗度耳。

（己亥時）月亥而時亦亥辛金值之即是傷官重逢傷官時干己土為濕泥乃一般之辛金所不喜獨是係以傷官太過而用之猶蜀中無大將廖化作先鋒所以大怕水木再見若得一點之火生起己土則功力悉斂矣。

辛日子月

（戊子時）辛金生於子月。泄中有生以其珠生於蚌蚌產於水也。今則時又見子。而節序則在大雪冬至之候寒氣甚盛珠將被凍所以戊土正印足以尅水生辛。但雖水有所制而寒氣猶存。則或丙或丁得透其一定成偉人木乃忌神。

（己丑時）子月水旺之時辛金泄氣時逢己丑子丑皆為北方己土縱透干亦覺拖泥帶水掩蓋寶氣珠光是須壬丙兩透壬水以冲刷之丙火以溫煦之再加一點陰木尅己丑之土則誠百脈貫通矣。

（庚寅時）辛生於仲冬子提子為辛金之食神徒具長生之名而其實盜氣時干庚金幫扶有力所謂食神大喜却財鄉辛金既不為弱則有力以任寅木財星洵係富厚之格不可再有比却奪財或則有火以泄木

（辛卯時）辛日而值辛時同類扶助有情月提子水以生時上卯木之財可以致富惟忌比却所謂時上偏財忌見兄弟除非天干透乙地支有亥財亦甚盛再見比却則亦無所畏蓋通根之財猶寒梅著花而非薄飄水面矣。

八字提要　辛日丑月

一三六

（壬辰時）仲冬建子之月壬水傷官透而乘旺雖壬臨於辰旺水歸庫但因子辰會局仍是一派汪洋況辛金亦墓於辰勢必金沉水底必得陽木以泄之陽土以障之乃免福枯之患否則不見一點土木而獨丙火透干為真化水亦潤下格貴不可言矣

（癸巳時）辛日癸時月提在子癸水食神通於月氣其秀非凡時逢巳火可去金寒水冷之病雖巳為戊祿然亦為金之長生故無傷乎癸水獨忌年月有土則如奕之失一子而全盤空矣最好有金木亦無礙

（甲午時）辛生子月午時子午冲而火水未濟然因甲木透天承水生火仍是時上一位貴格辛金既被泄於月令又受尅於時元柔弱甚矣故最喜戊已初不患其過水埋金也

（乙未時）辛金雖為子水盜氣抑得未時生之日干不寡無氣乙木為財出于有于水之資木亦有根藉以抑制泉神之奪食五行分配頗具中和苟再輔以比刼尤覺日元有力矣

（丙申時）丙與辛合而逢子月申時乃水之旺鄉申又水之長生子申會即白虎備潤下之水既富且榮是也倘再年月透壬年支坐其更甚若見戊已則源清成流濁終身貧賤飄泊矣

（丁酉時）子月水盛金衰辛金雖潤欠溫虛而弗實妙在丁酉時丁火袪寒酉金通氣配合殊佳尚有四字以五行言陽水不忌但畏木見木則配以金有土則雜以木得之矣

（戊戌時）失令寒冷之辛金固不妨正印以生之但因戊戌純土勢將埋沒辛金過制子水秀氣故以土厚過分為慮最好歲月甲透以為土扶水則亦病藥相濟

（己亥時）月令于水時元亥水區匹失令冬病之藥或則比刼泄土扶水則己土臬印亦可借著但因天寒地坼濕泥凍結故必輔之以火俾土氣融化金水溫潤陰木最忌水亦弗宜

辛日丑月

一四四

八　字　提　要　　辛日丑月

（戊子時）　辛金生於丑月己土梟印司權之日較多時逢戊子戊又正印生氣不薄何妨子水食神以洩辛金之秀。然而時序嚴寒不有丙丁之出干終覺索然無生氣但見丁火還須有木生之不及天然之丙火爲高金水二者。寧可不逢。

（己丑時）　丑月辛金土旺金相時再己丑土厚金埋矣以土爲病以木爲藥但甲木畏己合遠避乙木倘能年坐寅而見丙或月透丁火日坐卯木雖非上選之格亦不屬於中下。

（庚寅時）　辛生季冬己土用事辛金有根益以時上庚金扶助日元不弱則時支寅木財星允是命中環寶蓋不但疏土而養命有源兼係火之長生土煖金溫矣若再坐於巳火或丙火透定然門充駟馬富貴絕倫

（辛卯時）　丑月土旺用事辛金不愁無氣時又逢辛身旺足以任財然而卯木無根又受比肩挾制最好有火制金。又日坐於亥未幾木氣健全寒冬轉煖頓呈繁華氣象矣。

（壬辰時）　丑月又值辰時丑位北方辰爲水庫所以皆爲濕土辛金有埋沒污濁之虞時干見壬似可蕩滌泥土顯露辛金奈以季冬之月正值嚴寒寒水土洹結成爲冰塊故必丙火袪寒以融化之輔以疏土生火之寅卯更其出色驚人。

（癸巳時）　丑中藏己土辛金生丑癸水出干雖不透己而已在旺令則土與金水無不上下之氣相通更喜巳火散寒巳丑會而夾扶苟生丙歲則官星得祿爲用若無丙而坐子則爲食神得祿有氣勝財官矣然不問爲食爲官木終所喜。

（甲午時）　丑月天寒地坼雖云土旺金相亦有寒土不生之慮所以丑月辛日喜有木火調和也茲則時逢甲午以療水冷金寒之病如再年日坐亥或干壬癸是必富堪敵國貴壓百僚矣。

（乙未時）　丑月未時丑爲金庫藏辛未爲木庫藏乙以丑未之冲辛日逢乙乃是身旺財豐庫開必發之命獨忌見金致比刧奪財火則喜其溫煖水則喜其生木但皆以少爲貴耳

一四五　　　　　　　　　一三七

（丙申時）　寒冷之辛金時遇丙申旣喜丙之禦寒更宜申之扶助但月支在丑己土正旺頗覺火力不強是宜其餘
干支之中配以木火庶幾無疵可求卽地支見寅巳而犯刑冲亦弗忌焉

（丁酉時）　辛日酉時歸祿根通生當丑月土旺用事酉丑會局以助辛金確乎生旺更喜丁火之透以去蕭索之氣
寒土煖而能生冷金温而燿采如再有木生丁斷無不發獨忌陰水土金亦非所需

（戊戌時）　辛金而天干見戊地支見戌重重印綬有慈母害子之嫌是必甲木制戊幷須日坐於亥者方成有
病有藥之佳造若無甲亥兩者則必生性頑愚終身勞苦無疑

（己亥時）　月令丑中己土透出以生辛金日元可謂生旺時臨於亥雖有淘金洗土之功而亦增其寒冷爲嫌所以
餘柱必須有火濟之而陰火更宜有木否則不及丙火太陽之有效也土非所宜金亦不喜

壬日寅月

（庚子時）　壬爲陽水生於寅提木旺火相時逢庚子庚爲生身之印子爲幇身之刃此猶春冰解凍化作巨流雖有
寅木泄水力尚不夠必也寅中戊土當頭始成貴格倘再見丙旣貴且富矣

（辛丑時）　壬水生臨寅月寅爲壬之病地得時干辛金生之氣勢轉強時臨丑土在此際不關痛痒因丑位北方性
爲濕土初春寒氣未除難起化學作用最好寅中丙戊並透不失爲優越之造

（壬寅時）　壬水遇寅月寅時食神盜氣甚深喜有時上比肩助之但壬水旣病於寅則兩壬不及兩寅之強還須比
却幫扶庶可均衡局勢惟若以寅爲用則陽金己見陰金無妨

（癸卯時）　壬生寅月木旺司權又遇卯時泄而又泄所以時干癸水喜得幫身也但因衰病之壬癸雖勝當旺之寅
卯猶病母之臨盆非太補不爲功所以金水生扶誠必要耳

（甲辰時）　寅月壬水寅中甲木得透時干食神得祿木愈秀而水愈衰是宜干支見金俾其泄土制木並生起壬水。

惟庚申陽金不及辛酉陰金恐損食神故也。

（乙巳時）初春建寅之月木旺火相時逢乙巳木火乙旺於寅巳生於寅壬水日元被洩而不能任受其財最宜年月見金相生方克勢均力敵不可再見木火及土惟比刼之水其所喜直與金等。

（丙午時）壬日值丙午時偏財臨於旺地時在孟春建寅之月乃丙火之長生寅午又會火局使壬水氣毫無倚不見官殺之土生身之印幇扶之水祇有木火則是藥命從財大富之格也否則必須金水相救木火土為忌神矣。

（丁未時）丁與壬合生當旺木之寅提時元又值木庫之未土假使餘柱不雜一點金與土乃丁壬化木之命若以強弱而論則壬水究為無力年月以有金水生扶為良。

（戊申時）壬水雖生病地之寅然值長生申時不為無力戊土透干以殺為用但照時令而論還須金生水助木雖可以制殺而弱水不宜再泄至於火土之當避不宜可喻矣。

（己酉時）孟春之壬以得生扶為宜時逢於酉正印相生固佳但此際亦屬力薄所以天干之上還喜見金則弱水有源良以時干己土究剋壬水苟其金不透干則己土專則其水而無所泄化耳

（庚戌時）壬日而遇寅月戌時財旺身養喜得庚金印生增長壬水力量然而消息於輕重強弱之間。

（辛亥時）壬水日干時逢辛亥辛金正印寅生亥水日祿通氣雖在寅月木旺之時寅亥又合亦不以泄氣為嫌其餘干支如見土木則還要有金倘有火則仍當見水方期中和。

壬日卯月

（庚子時）壬水日干生於卯月壬死於卯木泄弱水非得生扶不可時遇庚子庚金為之源子水為之流源遠流長。

八字提要　壬日卯月

壬水轉弱爲強所以餘柱須木以泄秀有火則成富土則喜戊不喜己以戊土成殺刃相濟也。

〈辛丑時〉卯月木旺水死壬水休囚時逢辛丑辛爲正印辛而爲金庫位居北方故以官印爲用切忌干透丙丁以傷辛金之印木雖弗忌而宜少金水力薄不嫌土少不妨以其生起辛金耳。

〈壬寅時〉壬水既病於時元之寅又復死於卯額唐巳極雖時干透壬相扶有情但同病祇有相憐不能爲力必須柱中有金以發壬水之源即逢申酉相冲亦是喜而弗忌不可再見火土使壬水不勝應付。

〈癸卯時〉日干壬水生卯月卯時死地貴逢絕鮮力量雖癸水刦財相扶亦以泄氣而鶯身徒具虛名故若有金相生乃傷官佩印大忌見火蓋財能壞印有類斷源消木土亦忌之。

〈甲辰時〉壬日卯月傷官泄氣何堪時又甲辰卯辰會東方甲木乘旺於卯幾乎全盤皆木然若四柱無金與火土則爲從兒貴格倘有一點火土參雜其間則須庚申之陽金削木生水方是有病爲貴之造。

〈乙巳時〉壬水生卯月卯中一木透出時干傷官得祿時支巳火雖爲財貴奈身主不能勝任最好巳中之庚出干。不但壬水絕處逢生且乙庚相合以阻其泄木亦不宜。

〈丙午時〉仲春卯月木旺火相此時之壬當然失令時遇丙午偏財任致無根之水祇有棄命從財但必年月皆火更無一點土以晦火方爲眞棄眞從否則須有大量之水寫扶輔之以金亦富豪之造。

〈丁未時〉壬日未時月令在卯卯未會局時干透丁與壬合是乃化木格惟餘柱祇可見木方爲眞化否則須賴金以生之水以扶之始然弗論從化或用傷財官殺之士終忌見也。

〈戊申時〉壬生仲春卯木傷官相臨時臨申位長生相資申金又承戊土生之以成偏官偏印之格蓋戊有卯制七殺有制爲偏官也其他干支如見木火則以金水配之更爲美滿矣。

〈己酉時〉壬水泄於月令之卯生於時元之酉一泄一生雖逢冲而鐵兩相稱己土官透生其所坐之酉再受卯木殺有制爲偏官星於不論即使柱有火土仍以印綬之金爲命之精華也。

（庚戌時）　壬水命元，時臨火庫之戌月在火相之卯。卯戌六合縱有庚金亦遭火燼滅弱生水之力矣。不宜木火固
不待論。唯土則畏戊之尅壬而喜己之生庚宜辯別之。

（辛亥時）　卯月死氣之壬而此時遇辛亥正印與日祿生亥幾有返弱爲強之勢祇以亥卯會局。而此時辛辛值絕地所
以生扶之效用幾等於零還宜再來金水以振作辛壬之氣木火與土愈少愈妙。

壬日辰月

（庚子時）　壬水生於辰月厚土塑塞而水不流暢即是弱象或謂壬乃大海無身弱之說者須知石爛海枯海雖大
而能枯焉必不謂弱哉好在時逢庚子之源子之流不啻崑崙江河所從出而匯於大海返弱爲強勢將橫
決必得一戊作之隄防乃以殺爲用刃殺相濟之佳造也。

（辛丑時）　辰月土旺壬水休囚再值丑時雖濕土辰皆以制衰弱之壬幸而時干辛透印綬相生使壬水有
氣如年月再有一木疏土尤爲美滿如無木疏土則須柱有庚申以泄土亦不得已而求其次之道也。

（壬寅時）　辰月庫中之壬水源被旺土所塞則時支之寅洵足以啓其閉塞使水流通況又比肩助之等於兩匯交
流乎如再有金水有所承而土有所泄斯斯更美矣而不忌木火。

（癸卯時）　壬水日元死於卯而塞於辰今以辰月卯時縱有癸水補助力微須賴金生水否則等於停留之死水矣然
若坐寅透甲東方一片秀氣鍾之其他不見一點土金則取從兒格可也。

（甲辰時）　壬值辰月辰時旺土相尅能尅制旺土但亦盜泄水氣猶欠十全必也柱中
有金賦弱水可生厚土以泄甲木雖與對敵但因三春之木金所不能劃盡恨抹也。

（乙巳時）　三月土旺之壬水源流被塞辰中藏乙得露時干可以疏水道而導海流惜乎時臨巳火愛乙木之生而
轉生土增厚土實助虑爲虑所以最妙年日坐申不但壬得長生或見金透旺土泄氣而又巳與申合木爲金制。

火既無所畏系則太過之土亦不獲逞矣。

（丙午時）孟春土旺用事壬水生此水為土掩乾涸可虞兹宜再逢丙午純火時元以生旺土而無金水木迫之虞命而從殺反以火土為喜水木為忌如以辰月而不作從格論則非大貴金水生扶定必真窮假富矣。

（丁未時）丁壬雖合惜乎辰月土旺之時雖曰木有餘氣究竟合而不化況又未時未土亦旺故與上條丙午時理論相同必須並見金水則水有所制尤須水多於木為先決條件否則還是身弱。

（戊申時）壬水生辰提辰中戊土出干身衰殺旺好在時落於申為壬水之長生辰與申又會局相助格為殺印相生而其身殺兩強之妙如再干頭見甲直接以制旺殺更是十全降格以求則以庚易甲亦可。

（己酉時）辰月酉時辰酉六合土勢從金壬雖休囚尚得生氣所惜時干己土終覺贅疣是宜以金泄之或有乙木傷之乃全中和之道大怕見火以及陽木防火資土而甲與己同化耳。

（庚戌時）壬生於辰乃少年不發庫中人之象時逢庚戌辰戌相冲所謂墓庫逢冲必發又有庚金以為壬水之源。因是殺印相生格也惟考時令終覺土旺而殺重所以火土為大忌金水為喜神佐以一點之木則美不勝收矣。

（辛亥時）辰月庫中之壬水最喜辛金之透傀衰水有所生旺土因以泄況又時臨於亥乃壬水日祿之鄉大可返弱為強假殺為權矣故金水不必再見木火宜少土則獨戊一簇巳足。

壬日巳月

（庚子時）壬水生於巳月火旺土相之時故壬絕於巳時遇庚子巳中庚透印值長生壬水巳非無氣加以時臨子水為壬之旺鄉因而返弱為強不忌巳中丙戊但不可多見火土若戊土獨透則木之制殺為不可少矣。

（辛丑時）巳月火旺土相壬水逢絕地時臨於丑丑中辛金正印透出巳可絕處逢生況巳丑亦會局生壬乎不忌

戊土以能生金之故獨忌丙火透干奪與辛相合定為失時之兒若見丁頭接魁辛反不甚忌因丁被壬合也。

（壬寅時）巳月壬日時臨寅壬病於寅絕於巳即有時上比肩幫扶亦無刀置必須巳中庚金出露為上否則縱使年月比刦重重亦猶一蒙老弱殘兵不經一擊此條關鍵全在庚之有無最忌土木

（癸卯時）壬水生於初夏火土旺相時逢癸卯卯木生起旺火財多身弱固喜金水生扶但時干之癸乃是陰水同被木泄火焰故與上條壬寅時理論相同亦須有金乃成寅格不過透庚則忌丙見辛總畏丁耳

（甲辰時）火旺土相之巳月再逢甲辰時元甲雖疏土亦慮其泄壬水生旺火也如餘柱有火土無金水貧夭之命。蓋辰為壬庫故不能從財殺最喜大量之金水

（乙巳時）土水日元生巳月巳時兩逢絕氣蓋以乙木相泄而生當旺之火無根之水亦惟逆命從財耳如從財不能澈底必也年月透庚端支或逢申亥成財命有氣之造富亦可期

（丙午時）壬水生於孟夏火氣正進水勢臨於垂絕之地其所不絕如縷者僅有巳中藏庚暗生令以時為丙午火旺巳極非得壬庚透而坐子申不可否則金水毫無救有木火是誠棄命從財為入贅之贅婿

（丁未時）丁與壬合財冰就我時令旺火故不化木時值未土質雖土而位於南巳未拱午財旺身衰必須比刦之助以分財力而輕壬水賣任但比刦尚嫌無根遇要有金生水始為貴耳

（戊申時）壬水在巳月為絕地遇申時為長生是真生逢絕地矣但戊土殺透復祿於巳縱巳申合亦難使土之墾力減低必須生於庚午月則為辛月金氣生旺或壬水自坐於子方許威權蓋世

（己酉時）壬日酉時正印出身月令在巳巳酉會周己土雖制壬然因生金之故不致魁壬太甚所謂貪生忘魁由是以斷則財官未嘗不可為用切忌見木不但生火制金且官星亦被所傷矣

（庚戌時）巳火月建固是壬水絕地然巳為庚金長生庚透時干壬水絕而復續矣時元之戊本質為魁水之土且是火庫於是火土憑生旺之勢以凌櫟壬庚因而財殺旺於日主須年月暨日支再得金水生扶以平衡之

八字提要

壬日巳月

（辛亥時）　壬日而逢巳月亥時。亥爲壬神。遂與旺火相濟至云無根之水不勝火力者幸有時上辛金正印爲之補救故年月之間不怕再見財官壬日辛時。如遇丙年癸月又年申日寅者。誠絕類離羣矣。

壬日午月

（庚子時）　午月火盛巳極壬水當然力薄但因時值庚子有庚金母體相生子水旺氣爲助大可轉弱爲強其餘兩干兩支但敎不全是火土則壬水終有力量以任財官或獨戊透出即不見木亦不妨矣。

（辛癸時）　壬水生於午月火旺土相時逢辛丑雖敌壬然位北方又是金庫五中辛透印綬相資抒配五行頗具中和之概祇敎不犯丙丁使辛金保全爲第一義其他如金水固喜即土木亦未必爲忌。

（壬寅時）　壬日壬時比肩相助有情時臨於寅食神盜氣與月令午火會局頗具水火旣濟之象惟總喜金則水有源其餘干支有木火亦須配以金水否則便不平均至於官殺之土終以不見爲妙借曰不能則應以印綬啓承之。

（癸卯時）　午月之壬水盛時逢癸卯癸雖同類相扶但卯木泄弱水而生旺火究尙木火有餘壬癸不足最好得見庚辛申酉則壬癸有源木火勢抑而平衡矣大忌再逢火以赳金土以赳水木以生火。

（甲辰時）　壬生午月正在火熾之候時逢甲辰木生火午火生辰無源之水豈能調和故宜年月金水生扶偏柱中復有木火與土則身弱可慮決非奮發有爲之輩。

（乙巳時）　巳時午月再有乙木生旺火此時之壬荄弱巳極全仗巳中一點庚金爲返魂之香但庚藏不露猶覺畫餅充飢必須出露干頭或日坐於申方克以抑其有餘補其空虛。

（丙午時）　月午時午即無丙火透干壬水已不能任受其財何況時又見丙祇有棄命從財乃餘柱反喜見木火而忌金水如見土便當從殺不從財若欲有力任財則惟有庚年壬月地支再坐子申耳。

（丁未時）　火旺土相之午提丁壬雖合不化木丁祿於午正財得祿午與未合南方之勢連橫無根之壬何能與火相濟耶。柱中金水毫無倘重見丙火支坐戌從財並無疑義否則祇喜重重金水有病得藥之理也。

（戊申時）　壬日而值戊申時殺印相生但月令在午為戊土之旺氣而申金雖係壬水長生因受午火威脅其生水之力以減必須庚透干頭則庚祿居申並泄戊土而克和諧矣。

（己酉時）　午火月令丁己同宮雖值己酉己土得祿於午生起下酉金壬水日干戌為財官印相生但酉畏午之虎視必須辛金出露得祿於酉印綬方能有力如有得地通根之水亦甚宜。

（庚戌時）　時上庚金生起日主壬水但時臨於戌土火庫與月提之午火會局致庚金大受打擊除非地支見申。幾庚金通根再見一位癸水以過方張之燄俾藥十余木火與土黯為鳳樂可也。

（辛亥時）　亥時壬日名曰曰祿歸時再有辛金相生雖在午月火熾亦可勝任其財壬水既返弱為強不畏天干有土蓋土生辛印也木火亦所弗忌。

壬日未月

（庚子時）　壬水生於未月未雖陰土而性則燥故喜時上庚金之生壬時支子水之助壬也金水既威雖土旺而日元不弱但總忌丙火太陽之熱烈與戊土之重壓如得木以疏旺土如甲年必為辛月雖地支有巳午亦是秀發之命矣。

（辛丑時）　未月土旺此時壬水原賴金生時為辛丑丑未冲而土不壅寒但敦水勢不盛必可暢流無阻而無黃河改道之弊矣土去生金則辛金母氣亦健不過三伏炎天大忌丁火傷辛即午火亦忌土旺不喜再見金水木三者平均即是佳命。

（壬寅時）　壬日而時又透壬同氣有情而得助雖生土旺之未月尚不致十分受窘時落於寅雖可疏土然係丙戊

八字提要　壬日未月

之長生所以天干不可再見丙戌爲第一條件年月能逢金以生之并點綴少量之陰木陰火即是大用之造矣。

（癸卯時）　壬水生於季夏土旺用事水力不強時逢癸卯喜卯木之制土且卯未之會局又有癸水助之則尅水之土力以減但夏令水易乾涸須再得金以發其源有金必貴無金則庸蓋無疑義矣。

（甲辰時）　壬生未月時落甲辰土多且旺甲木疏土之力不足日主洩交加必須歲月之間得金以泄旺土生養水再見另木爲補助始是優等之造火土之常忌自在想象中矣。

（乙巳時）　季夏己土司權壬水日元受其尅制則時上疎土之乙木允爲喜神惜乎時臨巳火乙去生巳巳來生土。致使助七之效能多於尅土之應用矣最好巳中庚透日坐申金或爲辛亥年命不失中上之命格。

（丙午時）　壬水生於土旺用事之時元火土重重便使壬水大受威偪矣補救之道唯有庚壬俱透而申亥在支庶幾勢均力敵否則財官旺而日主弱再逢旺地必傾若見子丑相冲亦降格以求之意也。

（丁未時）　丁與壬合化則爲木月建在未須在土旺用事之前方可言化若已進土王支見兩未再有未中丁火透而生土。財官太過火土爲病水木爲藥然即水木出干而壬尚無根歛尤以干支見金爲要着也。

（戊申時）　土旺用事之時而時干見戊使未月之壬水受制極深幸也時支爲申金以生水壬得長生不過尚嫌殺重須得木以制殺然有木又須有水因弱水畏木盜洩也金如孟母之賢火則樂爲虐

（己酉時）　月令未中藏己出露時干雖陰土而嫌太過喜得時臨於酉壬水得其相生以成官印相生之格然而尚嫌金少須得辛金出干則印綬得祿水源不竭矣切忌丁午二火以傷其印丙亦不宜巳火無礙以巳酉會局故也。

（庚戌時）　壬水生未月戌時皆係燥土受尅甚重所喜庚金梟印透於時干泄土生水以庚爲用柱中如無木則土總嫌厚但有木而無水則無根之木易受庚金斲喪即使水木並見還要無火尅庚始臻上乘

（辛亥時）壬水得祿於亥再有正印之辛雖在土旺之木似可返弱爲強但因亥未會局即有制土之功亦有泄水之累區區辛金力猶不足還須支坐申酉以助生機苟能如是則雖有火土出干亦不爲害矣

壬日申月

（庚子時）壬誕申月長生之度氣勢巳盛時爲庚子庚金得祿於申壬水乘旺於子辰會局助壬絕頂身強必須見戊土出干作之隄防更宜有火生土否則一世空權巳土無用木亦不喜若一派金水則作從旺看

（辛丑時）壬生申月長生相資辛金透出時干得丑土相生而又乘旺於申相生太過身旺無依必須火土並見以爲挽救但見火則丙不如丁以丙與辛合見己土則己不如戊以陰土難障狂瀾土厚而有木參加則更超脫矣

（壬寅時）申月長生之壬豈宜再見壬水以成橫流氾濫則時元寅木之泄水原無可嘗但因寅申之冲寅如朽木於事無補除非年月透甲則食神得祿若寅中丙戊透露亦佳

（癸卯時）孟秋金旺水相日壬時癸水有金生頗具實力故時支之卯木傷官絕不慮其泄而反覺其秋木不榮矣喜乙木透干無乙而有火以鍊旺金存駒木亦可惟既取傷官則以見金爲大戒矣

（甲辰時）壬水長生於申墓庫於辰然辰土爲甲木所制旺金所泄申辰又會致有隄防潰決之象是應戊透年月以成食神制殺再能配合丙丁巳午之一方癸華無比之造矣

（乙巳時）申月之壬母氣甚健時逢乙巳雖曰傷官生起財星惜乎傷官力薄且巳申相合財有所鈄以致乙木火均不足以爲用宜多見木火土若巳中丙戊兩透尤爲偉大之造

（丙午時）申月金旺水相故壬水甚爲有力時逢丙午財星乘旺天生富格年月之間若有木還須有金有火仍宜得水始是身旺財宏或土透天干不須木制祇以金水生扶爲合矣

（丁未時）壬水值申月當然旺相理喜財官丁未時元恰喜財以生官丁雖財來就我不作化木論而較量其間猶

是金水威於火土，所以地支不妨坐午，以通財官之氣，天干逢食或傷，以爲財星之根，必大富貴矣。

（戊申時）申月申時，壬水兩值長生，金愈旺而水愈威，大有秋潮奔放之感，則時上戊土七殺，切不可再逢甲木，苟見甲木來尅戊，則涓涓不瀾也。但申中藏戊庚壬比較，金水猶衆，最妙得火以生其戊土七殺，以鎮橫流挽狂瀾也。

（己酉時）壬日而生申月酉時，生氣太過，況己雖屬正官，卻被旺金所泄，則陰土虛而不實，易爲壬水所尅，必得有力之火，以生己土，庶財官印三寶相生，爲一世安然有福之命，但談不到任何建樹發揮耳，倘其見木更有敗無成。

（庚戌時）壬日庚時月提申建，祿居申，金氣太過，時支之戌，雖火庫而屬土，但因位在西方，申戌拱酉，終覺金多水濁，所以年月須見丙或丁，而地支再有木火輔之，方妙，否則見戌亦宜。

（辛亥時）壬水生申月亥時，坐長生，時臨歸祿，再見辛金乘旺於申，以生其水，一派金水之氣，但缺無一點火，土則以從旺而推，否則繼見火土財官，亦須有力，若火土力弱，支見巳，犯旺者冲衰，衰者拔家破人亡之命。

壬日酉月

（庚子時）壬日庚透酉月子時，壬旺於酉，金清水白，生旺非凡，理喜火土財官，或木火傷食生財不可再有金水，否則金多水濁身旺無依，鰥寡孤獨之命。

（辛丑時）壬水生於酉月，金旺水相，時遇辛丑，辛金祿居酉，正印通根，酉丑會局，生氣太過，以土金爲病，以木火爲藥。

（壬寅時）酉月金旺，壬水承母氣而生，不爲身弱，時又透壬，兩水匯合交流，頗具太過之象，時臨寅木，以泄其水。然陽火之丙與辛五合而受牽制，不如丁火出干輔之，以木或坐於午，乃大富之命矣。因秋木氣衰，不足以吸收大水，除非寅中甲丙戊三者得透其一爲妙，但丙爲兩壬來攻，故還須支有午戌助之。

（癸卯時）　壬日生於酉提甚為有氣又有癸幫幇扶日元強甚時落於卯雖可泄水但以卯酉之冲枯木難以吸水。是應年月乙木出干支坐亥未以木為用但若不逢火運仍是孤寒。

（甲辰時）　壬水生於酉再合生氣十足甲木食神固為秀氣奈何失時必須寅亥在支雜以一點丙丁。始可駿發庚申陽金乃大忌之神。

（乙巳時）　酉月壬水生旺之象時逢乙巳傷官生財惟巳為金之長生巳酉再會生氣之局乙木此時又在絕地遂使木火等於虛設若不透丙火見卯木定是膚流丙卯兩藏見一經得志亦非絕頂偉大。

（丙午時）　壬生酉月金水相通時逢丙午偏財乘旺乃財命有氣安富尊榮之造不可見土以其晦火尅水最好金木並透干頭或干支金木交差是石崇王顗一流人物。

（丁未時）　仲秋酉月金旺而木氣休囚即使壬日丁時斷不能丁壬化木生旺之壬有丁未一財一官合諸酉金正印成為三寶相生純正之象為庸庸多厚福之命如年月再見一位己土亦無礙最怕戊土至於金木兩者原亦弗忌惟不可太多耳。

（戊申時）　八月酉建之壬正值秋汛之時益以長生之申時氾濫之勢已具則時上戊土以為隄防原屬必要所謂身強殺淺假殺為權者也縱無傷食之木亦不慮其七殺無制如有木必須有火扶殺

（己酉時）　月時二酉以生壬水金水多而勢感區區一點己土焉能為中流砥柱必須支有午未干見丙丁方可以財輔官若無火陰土反為激流所衝毫無用處必致桀驁不馴法戕官為社會之蠹矣。

（庚戌時）　壬日而生酉月庚時不竇經三峽奔流急端喜得戌時火庫以障之土力尚嫌不厚須火土兩透支坐寅午方是權利過人之命金水不必再見木則乙不如甲之有用然見木必須有火方妙。

（辛亥時）　酉月壬日時逢辛亥為壬祿酉為辛祿金水雖則相涵不免生旺太過喜得亥中藏甲但敎出干再無正印梟神之金以戕其木則此一點秀氣可用必成顯宦至少為科學權威有火土而若少反嫌糅雜。

八字提要　壬日戌月

一五〇

一五八

壬日戌月

（庚子時）壬水生於戌月。秋末土旺用事。逢庚子梟印羊刃生扶。壬水轉強。故喜戌中火土透干。然丁己不及丙戌有力。殺印帶刃。可操生殺大權。木則非所忌也。

（辛丑時）壬生戌月中藏辛金透出時干。相生有力。然因丑戌兩土相剋。官殺不清。是宜甲透天干。以制旺土。惟秋令木不強。戌有木還喜有水生之。若柱中有金則生之太過。不妨以火銷鑠之。但怕火多之助土塞水。

（壬寅時）戌月壬水戌為丙戊之庫。時臨於寅。又是丙戊之生寅戌會局。本覺火土過旺。而喜時上壬水扶之。戌中雖藏辛究未能直接相生。故以干頭有辛地支見酉方妙火非所喜土亦怕見。

（癸卯時）季秋土旺司權。壬水受制。原喜癸水幫身。卯木制殺。無如卯與戌合。癸水乏力。必須見酉冲卯。或以辛金勦之。苟無辛金則代以庚申。如金氣全無則必一生遇小人而親離眾叛。

（甲辰時）壬水日干生於戌月。辰屬身輕。殺重喜得甲木剋殺。然而斯時土旺用事。木弱無力。必有劫比生甲。傷食助甲為妙。得有亥卯在支尤如三徑之松。毫無凋零氣象矣。大怕有金庚更可畏。

（乙巳時）三秋壬水生氣少。而剋氣多時臨乙巳。乙生巳而無疏土之功。壬水甚衰。必得金水配合。以為撫翼匡直。始能調劑於平。

（丙午時）壬生九秋。日令在戌。戌為火庫。時臨丙午。午戌會局。幾乎全局皆火。壬水孤單。致有杯水車薪之慨。必得比肩以過其火。又以金生其水方克任其財星矣。土雖泄火而制壬水。則泄水以資財皆不宜也。

（丁未時）壬日而值月戌時未兩土皆藏丁火。丁透時干。雖與壬合財來就我。但總財星太過。日元羸弱可虞不可以木剋土。恐其生火為累。祇合以金泄土生水。即是釜底抽薪之法也。

（戊申時）壬日申時為值長生。月令在戌。戌透時干。雖可生金。究嫌剋水。以此際土旺用事也。必須金木並見。底水

有所承。土有所制。大怕見火以其爍金資土。有害無利耳。

（己酉時）戌月酉時壬水為殺印相生時干己土雖有生印之功。亦有黨殺之弊。故與上條戌申時相同。仍須將當旺之土泄之以金抑之以木不宜火之銷金生土也。

（庚戌時）壬水而月時皆戌殺重身輕縱得庚金為緩衝還當陽木陰水相輔助。良以甲雖疏土。然被庚金斧斤所砍必也有水以緩衝俾秋木克施其技。

（辛亥時）九秋之壬水土旺司權壬水雖冠帶在戌猶將及成童尚有關殺好在時為辛亥既正印之生身更通根於歸祿則先天強而後天攝賷亦宜自可免於大患矣即見戌透亦不為忌更何慮乎木火哉。

壬日亥月

（庚子時）壬水日干祿於亥旺於子亥月子時干逢祿旺即無時干庚金之生已屬天下滔滔必須年逢戌土或丙。而日坐寅木或戌土差免橫決之患若其餘干支並無火土仍多金水則以從旺而論可已。

（辛丑時）壬水生亥月格名建祿喜火土之財官忌金水之生扶時逢辛丑又有辛印相生丑雖正官然以亥丑拱子位次北方無從補救必須干有火土如丙年己月支逢寅午戌庶五行抒配中和耳木無所用蓋有金制且塞木原不華也。

（壬寅時）亥月寅時寅亥雖合而未能如寅月亥時之可化木再有比肩之壬則犯建祿之忌寅中丙戌暗藏但願日坐於戌丙戌得透其一則財官亦非無根若柱中竟無火土秪見甲乙如甲年必乙月為秀氣所鍾必文名滿字內。

（癸卯時）亥月建祿之壬水喜尅泄忌生扶時遇癸卯忌癸水之扶亥卯木之泄亥卯會而木更有氣猶寒氣日進。木不發揚最好年月見火以暖之則敷榮有自用取傷官亦極秀之命大怕見金如再見水則根將腐蝕木火窮。

壬日子月

一土無出入。

（甲辰時）壬生亥月水旺木相亥中藏甲出露時干食神有氣原勝財官無如時落於辰乃是七殺遂不能單用甲木而以食神制殺爲用大喜戊土爲配切忌印綬以免食神之木受傷生旺之水加強倘能有火更形完善矣。

（乙巳時）壬日生亥月巳時巳亥雖冲而無足慮良以旺水生起時上乙木巳火有所秉承也但教年月之上不見庚辛則乙木無損苟犯印綬必然名利兩空矣土不爲忌

（丙午時）亥月得令之壬水自以財官爲喜時臨丙午偏財乘旺足爲養命之源成既濟之象其他干支最宜以木輔之則財更有根矣若干見戊己則以財官論金水生扶總以避免爲妙

（丁未時）壬日而逢丁未時月令在亥爲木之長生丁與壬合亥未會局謂爲化木似是而非良以時令在冬不比三春也是當用取財官四柱終以火土爲妙倘有木而無土則宜導用財星支有午火乃如雪中送炭更可寶矣。

（戊申時）壬日申時爲逢長生月提在亥又値建祿生旺已極則時上戊土七殺正足以過阻太旺之水惟戊土爲申金所泄還是身強殺淺必須有火以資之甲木制殺反爲大忌十可助殺自無抵觸也

（己酉時）壬祿在亥壬日亥月爲建祿格不宜生旺唯喜財官時臨己酉官星雖透而無根酉金生身勢故必干見丙丁或則支逢午火傳官星有氣如無火而透乙則傷官見官爲禍百端矣

（庚戌時）壬爲陽水生於冬初亥爲日祿正在生旺時元庚戌不喜庚金之生而喜戊土之財最宜戊中丁戊透干以抑太旺之氣若地支見午則更喜甲寅陽木生財且殺亦乘旺逢生矣

（辛亥時）亥月壬水再逢亥時兩祿通根再有辛印金水相涵苟無火土相雜則以從旺而推或則亥中甲透地支有寅是乃食神得祿其秀非凡如是則獨忌陽金水亦不忌火土財官固所喜也

壬日子月

（庚子時）壬水生於子月身臨旺氣之方時又庚子不但旺氣叠逢更有庚金母氣如此生旺非戊七殺透再輔以火定為耗敗之命或透丙戌富而不貴然此係無丙戌俱透之理故大抵非成功之士

（辛丑時）壬生子月時臨辛丑除非有亥則為北方一氣玄武當權之貴格否則雖有丑土不足為用仍須柱有陽土障其狂瀾丙雖大喜因合辛金為所羈絆所以卽有戊土或則寅戌皆非大有作為之命

（壬寅時）壬日而時又透壬月令在子比劫羊刃幫扶水旺已極好在時臨於寅寅為丙戌長生甲木干祿甲丙戌三者透一便是通根佳格但與其透丙而被制不如見戊為佳而一土衆水更不如甲木因勢隨波而逞妙

（癸卯時）子月旺地之壬不宜子中癸透再來幫扶妙在卯時傷官獨秀以泄壬癸之氣但區區利導之木恐隨波而逐流故須餘柱再有木火或則土木並見則前者花木向陽旺水可逢吸收後者土抑水勢使木有所附方成高等之造。

（甲辰時）壬水以子為旺地辰為水庫辰時子月子辰會局卽見申金成全水局其潤下格亦不健全良以時上甲木泄氣故也最好日坐寅年臨卯辰一氣助甲木而鬱蔥秀發更勝丙戌火土多矣陽金大忌

（乙巳時）壬日而值巳時月令在子巳火偏財失令雖乙木泄水生火奈何除木力微大喜巳中丙透月提則必是甲己年命或乙年則月為戊子庶財祿亦富亦貴矣

（丙午時）子月壬日值時為丙午午雖居敵對之地位然身旺喜財頗得身財兩旺之妙盖壬旺於子丙旺於午此火不當令柱中還須木火切忌再有比劫以奪財若為壬年必為壬月而日非寅午戌者必是破落戶敗家兒

（丁未時）時支未中丁火透而就我雖月臨劫刃之子因子被未穿丁不愛傷況丁為正財並不畏劫耶惟丁壬不以化木論柱中如透木土以生弱火泄旺水土以制戊水保養火乃為好命或支有寅午戌亦妙

（戊申時）子月旺地之壬原須戊土殺透以為中流砥柱奈何時干雖戊時子逢申申金泄弱戊土而為壬之長生

八　字　提　要　壬日丑月

子申又復會局殺弱身旺金水當然大忌即甲木透干亦一事無成之格惟有乙年丙月而坐戌土方可成材。

（己酉時）仲冬子建壬日酉時酉金正印以生旺極之壬奔流激湍區區己土勢必為其衝渺挾泥沙而一瀉汪洋矣非大量火土抒配乃無用之命陽木甲寅亦為所喜陰木乙卯絕無補益

（庚戌時）壬日庚時水得金生況值子月壬水正印臨戌土火庫可以銷其明流但覺勢力孤單故必戊透於干午值於支成殺刃格倘再見寅申尤必軍政界之第一流矣

（辛亥時）子月寒威水旺壬日而又時遇辛亥金沉水底寒冷已極水旺亦達極點必也其餘干支盡是木火或土。方能有所作為純木純火純土更妙多見一分金水便減低一分福澤

壬日丑月

（庚子時）壬水日干生於丑月壬水之氣衰退然因時逢庚子印綬劫刃生扶仍不失為生旺雖子與丑合或巳土旺用事究以寒濕之土有何效用故餘柱見官殺之土還不如財星之火以土有生金之弊而火則生土祛寒也

（辛丑時）壬日而生丑月丑時衰地重逢土多而旺丑中藏辛透而生壬蓋不以土重為應惟一派陰寒水濕必得甲寅陽木亦可配合

（壬寅時）壬水生於季冬戌極而衰但因壬日壬時同類有助並不身弱時落於寅寅雖壬水之病地却又為火之長生而土附焉嚴寒之際水土凝結成冰固宜寅木生火疏土泄水為用若能甲丙出干更妙

（癸卯時）丑月衰地之壬土旺用事時逢癸卯喜癸水之幫身卯木之制土但嚴寒之季冬苟無溫煖之火則一切的一切無不生氣索然故喜干見丙丁按丙年必辛月丁年則癸月猶非十全不若甲年丁月支有寅午或戌為

最上乘。

（甲辰時）壬日丑月土旺而壬水不強。時逢甲辰則水旺黨於四庫則土強今在丑月土旺用事則官殺自較強盛。既甲透疏土最妙日坐於寅食神得祿次則配之以火以緩土木之衝亦貴。

（乙巳時）丑月土旺然寒土不生壬水此並不感覺剋氣之深時臨乙巳乙木生起坐下之巳火巳火生起當旺之官星壬水轉弱究因巳丑會局寓印綬於財官之間遂全中和之妙用所以其他干支不論五行皆非絕對當犯但敬不偏不倚終是妙命。

（丙午時）季冬丑月之壬水土皆有凍結之象凡物之溫度達到冰點即無生氣而呈死象所以丙午之火需要極矣良以丙為太陽下坐午之旺鄉光天化日四無纖雲六合五行生氣勃如矣此條見水固忌見土晦火亦怕妙金木調和定必富有金谷

（丁未時）壬水而逢丑月未時官多化殺土旺為嫌丁雖合壬而有資土之弊宜乎透乙值卯以剋敦阜之氣並作丁火正財之根次則配合一點之金俾衰地之壬水氣勢一揚因而脉絡貫通無所障礙矣

（戊申時）丑月土旺用事然金水尚有餘氣故壬水此衰而不絕時逢戊申申為壬水之長生承戊土之資成殺印相生之格惜乎時令關係寒土之生殖力不強故當以火輔之以木馭之金與水十至多祇可點綴一二多則不取

（己酉時）丑月中藏巳土透出時干縱壬水之正氣官星時支值酉酉丑會局以成正官正印相生非有丁或午即使清正可風亦然弗發必須有火庶乎高貴可躋大怕乙木尅巳土卯木冲酉金則為偽君子矣

（庚戌時）月值丑土時逢戌申土旺用事壬水受制好在時干透庚承厚土而生衰水但金寒水冷墮指裂膚令人蓬而生畏故要木火配合使凝寒瑟縮之氣消化於無形則善矣

（辛亥時）嚴寒之壬水雖生於丑月衰地却又得祿於時支之亥且丑中之辛露干生之壬水甚旺僅以寒冷而少

八字提要　壬日丑月

八字提要　癸日寅月

癸日寅月

活力如有丙丁則爲辛壬合而牽絆見巳則有亥冲唯其支有午寅然後丙丁出干雖合無慮矣。

（壬子時）癸爲陰水生於寅月木旺火相傷官洩氣時爲壬子刼比相助日祿通根司以轉弱爲強最宜甲透則丙丁方可有根或見戊土亦可至於印綬之金絕不需要。

（癸丑時）初春寅提之癸原不生旺時臨癸丑可藉身雖刼氣此時之土其無力與癸水相等必須己土出干方可用殺逆以金之生水火之生殺者配之當可大檔獨攬若己土不透總要金火並見也。

（甲寅時）癸日坐於寅提時逢甲寅傷官得祿癸水氣洩若柱無土金再無比刼僅有木火則爲從兒格貴不可言。否則唯喜金水藏身。

（乙卯時）癸日寅月乙卯時元傷官食神雜見癸水無根徒具長生之名必須金水生扶爲妙忌見戊己之土再見木火不逢金水亦以從兒格論。

（丙辰時）初春之癸雖不生旺而衰氣未融所以得時上丙火煖之原亦相濟相成但時臨辰土究泄火而制水必得餘柱有金則癸水方具生氣而能任受生旺之財矣。

（丁巳時）寅月木旺癸水日干再逢丁巳時元丁火乘旺於巳巳火長生於寅財旺身衰巳中庚透或年支值甲次則刼財扶助土則木火亦不可重見矣。

（戊午時）戊與癸合月寅時午寅爲火之長生午乃火之旺地如得戊土成午火局別無金水與土則是戊癸化火之格否則須有陽水之刼財輔以生氣之印綬方不致財官太過身弱易傾。

（己未時）寅月癸日正當木旺時逢己未干支皆殺然此時之土受木之制不爲殺重惟癸水之弱而無根必金以寅之化其土抑其木殺印相生乃成佳格火爲大忌以其傷金益土耳。

一五六

(庚申時) 孟春推寅之癸水得庚申時印綬得祿相生弱而不弱其餘干支宜以少量之木火抒配之而木火則以

(辛酉時) 辛酉之金生寅月泄氣之癸足可調和惟因餘寒未盡雨露之癸在此際猶爲霜雪故以寅中丙透爲最宜良以丙乃太陽合辛金而不化水亦不致將柔弱之金水熘之過甚

(壬戌時) 癸之陰水易爲木泄月令在寅傷官泄之時臨於戌寅戌會火癸水又受火炙則時干之壬正喜尅身爲助但壬癸二水力尚未逮如戌中辛金得透或支下有酉則眞美尋矣

(癸亥時) 孟春寅月木司權癸水日元理喜金生水助時逢癸亥比刦相扶返弱爲強尤妙亥爲木之長生與癸之旺地寅與亥合木則鍾靈毓秀最妙餘柱再逢水木大忌有金奪秀有土尅水

癸日卯月

(壬子時) 舊謂五陰生處不爲生即癸水生於卯月卯爲癸之長生實際卯乃純粹之木有泄無生也時逢壬水刦財子水日祿得祿熊氣求之助癸水弱而轉強不然泄氣若甲乙透干無金破木無土尅水傷食當旺日主亦強便是一清到底大貴之命

(癸丑時) 癸生卯月假生眞泄原專金水生扶時逢癸丑位北方中藏金水陰土本質被當令之木所制土旣無力不必用殺若天干透木則宜地支尅金干露庚辛則地支不慮火土按此條任何抒配皆不是好格局也

(甲寅時) 癸生仲春時遇甲寅木以卯爲祿地以寅爲祿地滿盤純木無根之癸水被其吸收殆盡如以金爲尅冲則犯衰者冲旺旺者發絕無用處不如滿盤卯木棄命從兒則土金爲大忌木火爲大宜

(乙卯時) 日元癸水生於卯月卯時卯中之乙木高透食神得祿一片秀氣格成從兒如有尅木之金還須配之以

火鑠其金而木得保全倘見戊己則當以官殺為論擄矣。

（丙辰時）　仲春癸水原患身弱時遇丙辰火土何堪再見財官是須年月有金以生無根之水然天干有丙火之財
為庚辛之敵尤須地支再有申金方稱盡善否則降格以求比刧為不可少若無金無水致命可棄而不可從以
木火土雜大有一國三公吾誰適從之概為卑下之命無疑矣。

（丁巳時）　卯月木旺火相癸日再逢丁巳時巳火在卦為巽為風致使木生火火乘風成燦原之勢癸不過杯水而
木火不止車薪非得大量金水以伐木灌火不可壬庚出干申亥在支雖難大造亦可小就矣。

（戊午時）　戊癸五合生木旺火相之卯月時臨戊午午乃癸之絕地倘柱中再見火土癸水熬乾必成殘廢或犯痼
疾若有金相生有水相助而金水並不通根者亦於事無補也。

（己未時）　癸日時逢己未似乎殺重但在卯月卯未會當局則旺木過於弱土有制殺太過身弱愈甚之二辮矣故必
庚辛出干支有申酉庶木有所抑而水有所承不致身殺兩衰免為無用之命

（庚申時）　泄氣之癸水原喜金來相生時臨庚申正印得祿足可調和木之秀氣受金威脅最好再得木火抒配則
木助秀氣火範堅金相制而復相成火若太重又宜以水過之或土以晦之。

（辛酉時）　癸水而逢卯月酉時卯酉六冲文昌冲破人雖聰明學識毫無惟辛金得祿以生弱癸却為所喜不可見
火尤怕丁火損辛最好支逢巳火財不壞印或則土木並透衣祿無虧。

（壬戌時）　卯月戊時雖合不化木土並不變質癸水既被木泄又為土制質與量皆削弱矣所以刧財壬水寫身尤
取為用唯最好戊中辛金亦透壬癸之源不竭再支有子辰則更妙矣。

（癸亥時）　癸日癸時其勢不孤辛金亦透壬癸之旺鄉究亦木之長生時方旺木卯月會亥成局雨露泉脉潤澤
根苗繁植敷榮為世利賴勿雜印綬官殺者必貴否則外金玉內敗絮之腐人

癸日辰月

（壬子時）　辰月土旺然爲水庫而位居東方水木尙有餘氣癸日壬子時劫比幫身有力以柱有火土或木爲佳金水不可多見倘見申金成水局則丙戌尤不可少戊年必爲丙月更好。

（癸丑時）　癸水生於辰月辰爲水庫時臨於丑丑位北方皆是濕土燥有癸水內藏茲又癸透時干雖土旺而癸水亦非無力是宜兩見火金否則水土旣非所宜而木亦未必絕對爲利。

（甲寅時）　癸生辰提官星當旺時得祿幸寅爲官星戊土之長生縱透戊土亦所不忌良以旺土宜疏。

（乙卯時）　辰月之癸水木有餘氣辰中乙木透於時干通根於卯雖居土旺猶覺木多盜氣最宜壬亥陽水幫扶於食神大喜刦財鄉矣如有印則秀氣剝奪絕不足取火官少見土更無需。

（丙辰時）　癸生辰月辰時再透丙火未免財官旺於日主最好有印則金生弱水而化旺土矣若辰中乙木出干或支臨於卯亦可收疏土之功而有生財之道。

（丁巳時）　癸日辰月土旺居多時臨丁巳干支純火以生當旺之官且巳爲官星之祿以致財官旺日主弱須得巳中庚印出干生無源之水並有比肩或刦財刦火護金乃正大之命。

（戊午時）　辰月癸水殊欠生旺辰中之戊土透干下坐午火旺地而戊癸雖合不化遂覺財官過旺須有甲木傷官以疏之然甲有生火之嫌還當輔之以水力則無木有金亦不爲寶。

（己未時）　土旺用事之辰月再遇己未純土之時元使癸水四面受虧未爲木庫而辰則尙有木之餘氣但敎支坐卯亥或則乙透是爲食神制殺之佳造不必坭於用殺須印之說良以一有金則木力必減若無木而單見金用印化殺亦妙。

八字提要　癸日巳月

（庚申時）　庚金得祿於申以生癸水日元甚為有氣雖在辰月土旺用事但申辰會局旺土有同化之勢故宜干有

丙丁以陰庚申生機印太重亦難發也有木更佳

（辛酉時）　癸日而生辰月酉時辰與酉合因在季春道不化金但因辛酉梟印得祿辰土生之終覺官弱印雖須有

財破印但丙與辛合故不如丁巳酉故不如午

（壬戌時）　癸日戌時逢財庫壬水相扶癸不為弱月提辰土與戌相冲財庫大開定為富命最好透丙坐巳則正

財不虞劫奪若金木兩透如乙命必為庚月支有巳未駿發尤揚左券

（癸亥時）　日時皆為癸水而又乘旺於時支之亥即坐旺土之辰月究亦吾道不孤是宜有火生土庶身旺而喜財

官否則年寅日卯東方一氣甲乙透一亦必高貴然不論為火為木皆不喜金

癸日巳月

（壬子時）　巳月火旺土相癸水生此其弱可知茲丙時逢壬子既作歸祿通根更透劫財為助騣騣乎返弱為強所

以不必再畏火土惟須有金則水有源頭十有九發矣金而有比劫者次之為金庫濕土會巳戌局生水化戌恩矣

（癸丑時）　癸水生於巳月火生旺癸水絕根時支丑土似乎不喜然丑為金庫濕土會巳戌局生水化戌恩以

發癸水之源加以時干癸透相扶至多日元失令而談不到身弱兩字但教其鈴干支再見一點金水生扶則木

與火土均不足忌矣

（甲寅時）　癸日巳月火正旺而水正衰時逢甲寅甲木得祿於寅傷官盜氣生財且寅為丙戊長生身弱巳極喜巳

中庚金透干得庭制甲再有水抑火方為有病有藥之佳造

（乙卯時）　癸水日干時逢乙卯食神盜氣長生徒具虛名月令建巳火旺再有乙卯生之財愈盛身愈弱最宜庚辛

出干以濬其源否則比劫重重亦堪助勢不可再有官殺

（丙辰時）巳月癸水時為丙辰丙火正財得祿於巳使水庫之辰土化濕為燥致癸水無力以任財官矣是必金水
並見為上庶火有水制不傷生身之金木難可以尅土而亦泄水利害相等終不宜多

（丁巳時）癸水而月時皆巳財巳旺尝可再有丁火透露時干致癸被眾火所煽轉瞬即乾第一須有制火之水其
次輔以生水之金倘再支有亥申必是轟雷之命金水少置於妻孥讌土木兩者定必為災

（戊午時）巳為戊土之祿午乃戊土之旺巳月午時癸日透戊財官之旺無以加矣癸水之源可立而待如柱無金
水僅多木火則取戊化火格否則大量金水以救之然不論化火或得金水補救再見官殺必殘廢顛連之命

（己未時）巳未時中拱午火南方之勢連橫巳土透而有根癸水日元必受熬煎其營易竭除非巳中庚金印透
俾弱水能生旺土有泄但衡量輕重猶是火土生旺尚宜水以尅火最妙年坐於申則庚金得祿水值長生而成
殺印相生之大格

（庚申時）癸日而時遇庚申正印通根雖在巳月火旺之候癸水究有生機故柱有生火之木亦可無慮即戊己二
土見一亦無所妨如干頭有火則丁不如丙因丙為太陽丁為爐冶庚金畏丁不畏丙耳

（辛酉時）癸水而值辛酉時辛祿居酉偏印通根相生旺月提在巳巳酉又復會金局癸水得多金之資猶病夫待大量
滋補頓復健康矣以其金木有金制生火不烈大怕丁火燃辛金午亦同例丙與辛合尅中有情也

（壬戌時）羨夏火正當令癸水無力時逢壬戌雖有壬劫之助而戌乃火庫本質則為陽土不獨癸水被尅即壬水
亦受影響故宜庚干申支相覷合苟能如是縱然再遇火土亦足調和矣

（癸亥時）癸日生於巳失令無源時遇癸亥同氣連枝所謂守望相助疾病相扶持巳被亥冲火為射炎威以斂。
頓失平衡故宜巳中丙戊出干乃金中和為貴之遣否則有木生火亦良

癸日午月

八字提要　癸日午月

一六一

一六九

八字提要　癸日午月

（壬子時）　午月癸日乃是絕地時逢壬子比劫幫身癸水以振子午六冲火力亦減但以無根之癸究難運用其財。

（癸丑時）　癸水生於午月財旺而身逢絕地時上癸丑丑在旺火之月。土自不弱時上之癸同病祇有相護而不足以為助財殺旺而日主弱非有庚辛申酉不為功矣。

（甲寅時）　午月寅時火生於寅旺於午寅午會局再有甲木生之絕處之癸水毫無生氣非得陽金以制木再有此卻以制火定是無用之造否則其餘干支絕無一點金水攪雜滿盤皆火則從財棄命卻亦高等之格但一見土便無一是處矣。

（乙卯時）　癸水生午時遇乙卯木生旺火癸無存在之可能寧可餘者都係木火則與上條甲寅時同為棄命從財之高格既巳棄命切忌金水參加一有金水則從格破而須分金水與木火為兩個壁壘實實相等亦短中之長耳。

（丙辰時）　午月癸水時遇丙辰火辰土皆以午為旺地雖辰中有癸水暗藏而幫身究難為力必須金以生之然旺火足以銷金還要輔之以比劫最妙庚年壬月倘得日坐於巳則庚得長生丙得干祿誠萬中難得其一者矣。

（丁巳時）　癸水而逢丁巳時丁火財臨旺地因巳為金之長生火縱旺盛不能棄命從財必須比劫之水與之頡頏乃是身財兩旺之命若年支更有申更其美滿

（戊午時）　癸水生於午月午時兩逢戊火七殺乾癸水矣不如因勢利導配以火土局或丙丁出干毫無一點金水扶則是化火上格否則金水眾多以逆其生旺之氣雖亦可發但必十分辛勞矣。

（己未時）　月令午火為丁火己土之祿癸日而遇己未時則七殺得祿癸水絕對休囚是須重重金水方成殺印相生如金水不多則有不如無反不若完全火土相配而成從殺之格既從殺矣則制殺之木為大戒也

（庚申時）　午月絕地之癸得遇庚申時元正印得祿而生身絕處逢生之造不忌官殺之土因有金以發衝木則祇

怕一寅以寅午會局火則祇畏一丁以庚被丁鎔但有木火總須比刼爲宜。

（辛酉時）　辛金得祿於酉生起午月絕處之癸但陰金總畏丁午故應有水調劑庶得抑火存金而水之由絕而生。從可知巳土雖不忌而多則埋金火則宜與水並存木亦宜少

（壬戌時）　午月戌時午戌會局癸水休囚何能任受財官則壬水之幫扶固必要矣但較量輕重仍覺火旺於水故喜戌中辛透干頭以爲水源無論辛透與否木火總是大忌

（癸亥時）　癸日亥時是名乘旺時干見癸相助有情雖生午月絕地却無身弱之嫌故木之生火與土之剋水皆無所畏即丙丁透干亦有何礙惟水雖多而無根仍以見金爲善

癸日未月

（壬子時）　癸水生於未月絕對休囚火土在生旺之際癸水必得生扶爲妙時逢壬子却比相助可與火土抗衡水尚無根仍要有金配合方得源遠流長則達火土或木用財用官莫不自如矣

（癸丑時）　癸水生於未月休囚無氣時逢癸丑未土冲而庫開並得癸水之助則七殺巳可作用倘丑內所藏之辛得透干頭尤爲佳妙柱中亦可再見官殺及財木則不妨

（甲寅時）　癸生於未水弱宜生土旺宜疏時逢甲寅可疏其旺土但更泄弱癸水所以印綬之金允爲必要按是時尚有火之餘烈故陰金不及陽金爲有效惟以金爲喜神則剋金之火當然忌矣木巳足用水不嫌多干頭土透得金則綬衡

（乙卯時）　未爲木庫中藏乙未癸日而遇乙卯時食神透而通根卯未又會木局使土化爲木泄多於尅務要印綬之金泄土制木而資水源惟爲旺之土雖化不盡有巳出干以成食神制殺殺印相生至於財星破印終怕見也

（丙辰時）　未月癸水火未盡衰土勢方戚豈可再遇火土時逢丙辰財官愈使癸水屛弱然辰未之中皆藏乙木故

八　字　提　要　　癸日申月

一六四

即滿盤皆土亦不能棄命從殺以殺雖旺而有所制也身弱喜生扶乃千古不祧之論則金水而外皆所畏矣

（丁巳時）季夏土旺用事癸水受剋甚重益以丁巳時元丁火乘於旺地致旺土之殺勢更鴟張若制之以木則有

（戊午時）癸日戊時戊與癸合時支值午火之旺鄉月令在未位居南方倘其餘干支一派木火則作戊癸化火論惟大忌己土殺露以及印綬比劫生扶之皆爲破格果爾破格則須大驚金水以補救之而木亦不忌矣

（己未時）月時皆未未中己土出干癸被衆土所剋不殊涸轍之水因未土本身藏乙致難棄命從殺然以傷食之木而制殺不如以印綬之金生水金泄旺土尚多一重效用所謂制殺不如化殺高也比劫之水亦在所喜見

（庚申時）癸水生於季夏土旺司權辛得庚申時元正印得祿相生則山川生雲甘霖自霈按殺輕而印重亦失平衡所以不忌火土惟不可適分而巳木無喜忌任之可也

（辛酉時）癸爲陰水生於未提土旺金相時遇辛酉梟印生身土被泄殺不嫌重故與上條庚申時同一看法不過辛酉陰金生氣轉弱所以大怕丁壬午支而丙與巳火則無傷也蓋丙火剋中相合有情巳火會酉成局耳

（壬戌時）癸日而生未月戌時官殺雜見且皆係燥土煎熬難不顯明而暗中大受威脅時干壬水雖幫身但爲坐下之戌土反剋脚跟並不堅牢除非戌中辛透或支有申金則火土相錯亦無患矣

（癸亥時）季夏未提癸亥乘旺比劫相助有情然未土又爲木庫亥水爲木之長生亥未會局以泄庫中之水雖土不爲害而木則猖獗矣除非滿盤皆木甲乙再出干爲從兒格否則必須大量之金爲去病生水之藥

癸日申月

（子時）孟秋建申之月金旺水相癸水已屬有源時爲壬子壬水長生於申藉身尤爲有力時支子水乃是日祿

子申又復會局身強之象理要財官但財星之火為水所過所以有火有土尚須有木方佳。

（癸丑時）癸水生於申月眭逢癸丑乃金庫位居北方陰濕之土殺無足取必須丑中己土出干方可用殺但因身強殺淺又須有木有火乃妙否則有木無火則制殺太過有火無木則財遭劫奪矣。

（甲寅時）申月金旺之時癸水得其資生不為身弱時逢甲寅申得祿但寅申冲而傷官之根株動搖所以癸水雖不為弱還宜水火並見蓋有水則官之木無損而財星之火亦非如燐火之無根矣。

（乙卯時）癸水日干申金月令水得金生源流不為淺近則雖乙卯時元亦不致十分盜氣惟秋木不繁仍宜水以滋之更應有火以為養命之源而成食神生財之富命獨忌辛酉陰金來尋乙卯秀氣。

（丙辰時）癸生申提時值丙辰財官印成三寶祇因申辰之會幾乎官化為劫是必再見木火以生扶丙火之財或透戊土以遏水而讓火但此格太覺純正雖聰敏而無應變之才。

（丁巳時）癸水生申印旺有氣時逢丁巳財星原可身強用財巳與申合雖不化水而財與印兩受牽絆最妙庚甲並透庚長生於巳祿於申印旺當令而丁巳之火則有甲木生之此名財得根深印得祿一生福祿自無涯矣。

（戊午時）月令在申中藏戊土透於時干與癸五合戊坐於午官臨旺官雖合不化格取正官正印有純正之風惟午火之財無氣須有陰木生之倘見陽木之甲則傷官見官之忌官戊之長生與申冲也。

（己未時）癸水日元時逢己未在申月旺金泄土以成殺印相生之格惟若有木制殺亦以印透或有火為上蓋己土此時並不生旺不須再為尅制木最宜金火兩見則成身殺兩停事權必威。

（庚申時）癸日而月時皆申申中庚金透露時干以三金而生一癸大有金多水濁之弊以火為藥宜乎有丁及午以制旺金惟無根之火又須輔之以木而土則有生金之嫌避免為良水亦不喜木也。

（辛酉時）癸為雨露生於初秋申提原非無氣盆以時為辛酉重重印綬遂犯生氣太過之弊然太過在金而不在水所以土之制水生金絕不需要必得有火方是對症之藥而火則丙不及丁以丙辛五合故耳木亦所宜水則

（壬戌時）癸日而值壬戌時月建在申申為壬之長生戌雖屬土位居西方申戌拱酉金水之勢強威所以火土財官為命中之貴矣不過劫財高透財恐被劫故宜抔配以木財庇有根。

（癸亥時）申月金旺之癸水母氣殊健時臨癸亥幫身有力生旺太過其偏與不及相等強者抑之則火之財土之官尤為必要矣最好丁年必為戌月或己土出干或午火在支尚覺財官氣弱也。

不必。

癸日酉月

（壬子時）癸乃輕清之水酉為柔軟之金癸生酉月金白水清時逢壬子壬爲河海之水幫身太過況又于祿通根。猶赤壁賦所謂白露橫江水光接天酉金母氣爲水所僭成爲母被子滅非得火土重重不能爲有用之命木則無益凋零無氣故也。

（癸丑時）癸水生於酉月金旺水相時值癸丑比肩幫身丑雖屬土但與酉金會局土化爲金殺變成印重重金水。身旺無依必須丑中己土出干再有火以生之方以殺用有土無火則官殺無根木亦不喜蓋有腋削弱殺之感。

（甲寅時）酉月金旺水相癸水日元有氣時逢甲寅傷官通根秋木不榮所以欲取傷官必須並逢水火則水以生木火以制金且因火之溫煖而花木向陽不可再見陽金土亦不需要也。

（乙卯時）癸生酉建梟印生身乙卯時元食神得祿然因卯酉之冲不當月缺花殘最宜火以制金護木有火則須有土庶月支一點陰金不為火煉而賴土生并使乙卯兼弱之木有所附麗也。

（丙辰時）癸日酉月時遇丙辰雖屬土然與酉合土從金勢所以時干丙火財星尤為命之所喜良以仲秋玉露飄零金水斷覺陰緩得丙火之煖則金水相涵彌覺溫潤矣柱有一二點木以助丙火尤妙。

（丁巳時）癸水日元時逢丁巳丁火財星乘旺然生酉月巳酉會成金局財從印化而丁火無根最宜有木然木不

必過多如見官殺之土則生旺金泄弱火反不優秀并忌陽水蓋壬則合丁亥則冲巳用神受傷矣。

（戊午時）　戊時癸日因在酉月酉為火之死地不能化火即使時臨於午亦不能逆其金不免微疵故應以木配之。俾戊土受制不生當旺之金死火逢生堪為養命之源。

（己未時）　癸為雨露生白露秋分之後生氣日進時為己未干支純殺然不嫌殺覓覓有旺金介乎其間自得轉圜無阻但必有木制殺必須有火生土如無木而有金水亦須有火旂鼓相當

（庚申時）　酉月金旺之時再得庚申時元庚祿居申正印太重致犯慈母滅子之嫌必也干頭透丙支有實戌始能財足權高髙橫即印也大忌再見官殺而傷食之木為所喜惟無火之木昜被衆金所權亦無用處

（辛酉時）　癸水生仲秋月建在酉又逢辛酉時元梟神太重其太過之病與上條庚申時相等金桑水濁以金為病以火為藥所以干支有財為第一義庶藥來病去如見木而無火剋金無濟於事若滿盤金水或土則非僧卽道最多不過騶儈之流

癸日戌月

（壬戌時）　酉月癸水水本有根況有壬助是宜戊土火庫為用但戊居西北之方不離乎金水猶嫌無力須得有土出干兼使戊中丁火亦透則壬為土制不奪丁火財星矣木中祇喜一寅土中最喜一戌財滋之火皆大歡喜

（癸亥時）　癸雖陰水時干得比相扶時支臨旺況生酉月旺相極矣身強之命大喜剋泄不漏財我之官殺有生金之弊不如我剋之財星具制金濕水之效至於泄氣之食神傷官少則無益多亦可用

（壬子時）　癸水生於寒露霜降之後氣雖日寒卻是土旺之日為多壬子為時有嗷求之助任然旺盛癸水殊無躬象宜有木火剋其間一則旺土既有所疏而仍有生機次則財以養命若照比刦之等亦須木來鶱承

（癸丑時）　癸生戌月土旺司權再臨丑時土勢增厚然有比肩之癸相扶且丑為寒濕之土尙不致喵喵逼人官殺

八字提要　癸日戌月

正旺。必得木以制之。若食傷泄癸更喜印綬以生之。所以金木交差可稱有守有為之命。但富期未許耳。

（甲寅時）
戌月旺土用事。癸水生此甚弱。時逢甲寅傷官得祿旺土固喜木疏弱水則憂木泄挽救之道惟有陽金
之庚申。始足以存水而剋木辛酉陰金力難勝任。或則以金易水亦妙。但少隱遇還是缺憾。

（乙卯時）
孟秋之癸失令弗強再得時元乙卯以泄之猶病婦再還坐蓐矣。卯戌合而不化則木土之本質不變。所
以當旺之土稍受壁制。故必金火並見金生癸弱之癸火資受迫之土始歸中和。●

（丙辰時）
癸為陰水生戌月辰時土旺且衆再因丙透時干太陽之火生起旺土致區區癸水有如朝露轉瞬即涸。
幸其辰戌之冲土雖旺而地氣轉動若辰中乙癸戌中辛金出干或支有卯酉子以補未透之天干補綴無痕天
衣無縫低下之造頗成優秀。

（丁巳時）
癸水生於秋杪戌月旺土司權癸水無氣時遇丁巳干支皆火以生當令之土致有癸水熬乾之患。詩巳
中有庚戌內藏辛似可相生但若身藏不露則亦愛莫能助。即庚辛透而生身遷須比刦制火以免印被財傷木
難疏土而亦資火。故弗喜也。

（戊午時）
戌月癸水水弱非常戌中戊土再透時干且又臨於旺地之午午戌又會火局戌中一點辛金巳為遁藏
之兩丁所燦生氣索然。故須質蠢並豐之水去火土之為病。或則金水並見否則非貧即夭。

（己未時）
易云天數五地數五明指土雖有陰有陽其實一體所以癸水生於戌建時值己未官殺化為一家剋水
之力更巨但在秋令不能藥命從殺殺勢正旺不宜以木逆折之以免老童成怒倒行逆施祇宜大量之金
以疏導之則癸水不生自生矣。

（庚申時）
月提在戌土旺金相時遇庚申陽金得祿故失令之癸水生機多於剋氣矞矞乎可以轉弱為強土火財
官不懼重見。若有火而無土則印綬恐傷有土而無火則生金太過皆非中和之道也。

（辛酉時）
戌土月令中藏辛金時逢辛酉梟印通根使癸水不虞受剋惟辛酉究是陰金難生癸水不致太甚故不

一六八

可柱有丁午以破壞之，丙雖不忌遇巳火之會酉戌局也。如再略參水木則更佳矣。

（壬戌時）癸日逢壬幫身有力。但因生於戌月戌時旺土疊逢壬水亦被抑制矣。最妙戌中辛金露而不藏或則

（癸亥時）癸日癸時氣求聲應。巳不孤單再值亥時乃二癸之旺鄉雖戌月旺土司權以亥中藏甲官星被傷有官之命無官之實也。欲保其官必須財星之火欲使財不愛剋則土木並見最宜

癸日亥月

（壬子時）癸水乘旺於亥。亥月癸水天然生旺豈宜再遇壬子時元以致汪洋一瀉然因亥中藏甲但欲透甲見寅。便是秀鍾東方大怕見金陽金更忌火土財官是亦身旺之所宜也。

（癸丑時）癸水生於亥月不旺自旺又有時上癸水相扶未免太過時臨丑土其力不夠以制水最好丑中己土出干更有火以生之便可用殺木與金皆忌因犯制殺生身太過之弊若支有子水則亥子丑北方一氣作潤下格論反宜金水而忌火土矣。

（甲寅時）亥月癸水亥中藏甲寅時落甲寅傷官得祿又值長生寅與亥合未免子旺母衰旺水泄而反弱然亦忌金之生水伐木祇喜並見水火。水則幫身即身旺傷官宜財之說也。

（乙卯時）亥為木之長生卯為木之旺地癸水日主得亥月卯時亥卯會局又兼乙透通根致癸水被泄宜陽金生水抑木若逢乙卯時元一財一秀氣宜洩也。

（丙辰時）癸生亥月旺氣之度。丙辰時元一財一官可喜但若餘柱無金則水雖旺而無根干支無木則火以少而易晦所以金木並見方為正當之命此條太嫌純正其人必有理智而無手腕未許偉大建樹耳

（丁巳時）孟冬建亥癸水生此本是水歸冬旺樂事有餘時為丁巳干支皆財原可水火既濟奈因巳亥交冲財星

八字提要　　癸日子月

被刼不可再有金水生扶祇合木火助財先敗後興之命。如四柱有土則財被泄而水被過兩敗俱傷矣。

（戊午時）癸水旺之亥本不畏乎財官戊土正官雖合不化戊坐於午官星亦臨旺宮矣。水土兩旺所以不宜再
見水土。但若有木恐傷官星有金恐生旺水比較宜金火相配則成身官兩強各行其是。是兩不相悖矣。

（己未時）孟冬癸水月提乘旺己未時元殺亦不驕但因未為木庫亥乃木之長生亥未會局遂有制殺太過之嫌。
泄氣甚深之應故必柱中有金以生被泄之水而抑制殺之木。更要有火以防金寒水冷。

（庚申時）癸日而逢庚申時正印通根而生身月提在亥又值旺宮滿盤金水雖旺而蕭索不堪見木無益蓋為
金制土亦無用慮其生金必得丙丁之財透天則全局皆呈活氣矣。

（辛酉時）初冬水旺癸正得令時值辛酉印得祿兩金兩水寒冷為慮生旺是虞其餘干支宜有傷食之木以及
財星之火方不致水冷金寒金水凍結至於生金剋水之土徒生牽絆實際毫無用處蓋寒水既不能散冷金反

（壬戌時）癸生亥中壬透時干刼財得祿冬水汪洋喜其時臨戌土築之隄防。然因眾寡之勢懸殊還恐隄防
潰決所以還要火土助之切忌金之生水泄土與木之剋制其土耳。

（癸亥時）日時兩干皆癸月時兩支皆亥比刼重重豈非生旺太過乎。然以土而逆折方威之氣不如有木以泄當
旺之水而乙卯陰木恐隨波逐流必須甲寅陽木為妙苟再見火便名利兩全矣。

癸日子月

（壬子時）子月癸水格名建祿生旺非凡再值壬子時元當特祿多不貴而又一派比刼為霜雪為冰流非有戊土
之障與丙火之照必飄蕩孤寒丙戌兩透可以富貴有土無火一生假富有土無火一世虛名。

（癸丑時）日時兩癸又生子月癸水當令不處殺刼時支丑土七殺雖與子合並不化土且丑中藏辛癸陰柔之殺為

一七〇

寒水所包除非支有亥水北方一氣成玄武當權否則亦須實煞並當之火土財官以制水而袪寒。

(甲寅時) 癸水生子月正在得令之時時逢甲寅傷官得祿以洩旺水為體以木為用最忌有金
玖未被摧殘又生水太過最喜有火相配以成傷官生財而水木體用皆得溫和矣官星之土忌見。

(乙卯時) 仲冬癸水正值司權旣喜財官互尅亦宜傷食潛消今則時逢乙卯食神吸收其水祇以寒威所束恐難
蓓蕾數榮所以宜見太陽之丙火以融和水木使乙卯之木如寒梅著化精神越顯金為大忌土宜戌未。

(丙辰時) 癸生冬至前後身旺可知丙辰時元怡是財官火土固然融洽無間但辰為水庫癸水暗藏還須天干有
土而以甲乙寅卯之一抑配之則土不壅塞而火有所承矣至於金水生扶須視火土之輕重而平衡之無決定
性之喜與忌焉。

(丁巳時) 書言建祿生提月財官喜透天以子月建祿之癸得丁巳時丁火透而乘旺天干雖無官星之土然巳中
藏戌亦官星之祿若無壬以合丁則戊土儘可不露不如參加一二食傷之木俾財更有根金有火尅不成問題。
祇恐太多而已。

(戊午時) 建祿格財官喜透則子月之癸水原要戊出干頭也時臨午火財星又是戊官之旺地深與建祿之格相
合不過子與午冲則犯旺者冲衰者拔之忌猶宜再逢火來方免財根之拔耳

(己未時) 癸日未時然生子月生旺之水不愁轉弱理以己土七殺為用惟因寒凍之土氣少流通所謂閉塞成冬。
故宜未中所藏之乙丁並透俾丁火有根己土得疏而癸水亦能凍解冰澌矣金之有無不關宏旨

(庚申時) 庚為陽金得祿於申乃水之長生以生子月建祿之癸勢成聚祿于申會局滿盤皆水寒冷極矣必須
有力之火以鎔金而煖水方好命木則喜其生火土則扇其生金

(辛酉時) 辛金得祿於酉長生於子月令在子日元為癸辛金相生兼成聚祿金盛威寒愈甚必得丁午陰火。
以破辛酉生氣而丁午乃是弱者最宜甲寅陽木為之根若為乙卯陰木必為辛酉所侮而無用矣。

（壬戌時）癸水既得壬水為助再生子月當旺之時生旺已極喜時支見戌本質為陽土而又為火庫惜地支之力不及天干故宜戌甲戌土出露干頭以制壬水苟再有火輔之便是富命年支屬寅更其美滿

（癸亥時）日癸月子當令生旺豈宜再有金水生扶奈時逢癸亥全盤皆水於何取用按癸為陰水固喜有土而逆折其氣然中藏甲若甲木透干支有寅卯以吸水水木兩強一清到底亦貴顯無疑

癸日丑月

（壬子時）癸水生於丑月雖則土旺而水有餘氣再見壬子時助水增寒致丑土幾被寒流所搖必得有土出干以鎮其水更要丙火太陽生土散寒如有戊土制壬則丁亦可用見木必須有火否則弱土更傷矣

（癸丑時）日時皆癸月時均丑兩水兩土似乎身殺兩停然而水土皆互相凍結非得火透天干必致體用不分有火然後水之用不致混矣如干頭僅見一火還宜生火之木

（甲寅時）癸生丑月土旺用事時臨甲寅傷官假殺為權然木多於土制殺太過為嫌所以其餘干支定要有火則財星得甲寅之生制土之力量以泄寒冷之水土頓呈活潑否則戊己出干亦可蓋有寅中丙火暗中生洩也

（乙卯時）丑月土令之癸終非生旺之象時為乙卯食神通根雖有制殺之用亦有洩水之嫌況以一土而遇二木受制不無過分第一須金制木生水其次須火生土方能日元有氣而七殺乃可用

（丙辰時）季冬寒冷之癸水原要丙火太陽始得印綬與食傷解凍月令在丑土旺用事時再逢辰未免土重況有丙火生之耶所以不可再有火土否則身弱太過最好印綬與食傷並見透庚辛而坐寅卯則無懈可擊矣

（丁巳時）癸日丁巳為時上偏財月令之丑土當旺時支在巳雖亦為財與丑會金局以生癸水則財殺印相生有情似無軒輊然丁火無根故須有木但木來制殺己土要透否則非全美之命

（戊午時）癸水見戊土五合但生季冬一則寒水之際再則土旺之時決難化火但因時上之午生起旺土癸水難

不燕乾殊覺無力且丑藏辛癸又不能棄命相從是宜金以生水木以尅土二者缺一卽非好命

(己未時) 癸日而月令在丑時爲己未旺土重疊殺重身輕但丑月癸水不能棄命從殺然則奈何昰宜以金生水

則旺土之氣亦疏以木制土而暗藏之火以發況丑未本冲暗火容易引出八字生溫矣

(庚申時) 丑月土旺金相癸水而遇庚申時印綬太强旺土不旺弱水不弱祗因時屆寒冬難免金寒水冷故宜有

力之火則不但寒冷無慮且以抑制太過之金生起陰寒之殺兩受裨益矣

(辛酉時) 丑月酉時酉丑會局辛金透干以生日元之癸不但金多水濁更且水冷金寒以金爲病以火爲藥但如

丙巳陽火則丙被辛合巳會金局有損無益祇有丁午陰火再得木生乃佳

(壬戌時) 丑月戌時官殺雜見日干之癸不勝旺土來侵則上壬水幫身似無不可但嚴寒凜列不論陰水陽水

均難免於凝冰故必金火兩見則水與土無不融化並得生生之氣矣

(癸亥時) 癸水而生丑月亥時亥丑拱子卽無時干癸助己屬生旺非常但癸水成潤下之格母多不發者因其天

寒地凍水不通流也故若亥中之甲木出干再能得見寅卯午未等字則發無止境矣

中華民國三十五年八月初版

版權所有
翻印必究

八字提要 全一冊

▲平裝紙面實價四千元
（外埠酌加郵費）

著述者　　　　韋　千　里

出版者　　　　韋　千　里

發行處　　　千頃堂書局
　　　　　　　三馬路望平街東首
　　　　　　　電話九三六七七

經售處　　　各埠各大書局

總發行所　上海南京路大慶
　　　里三十四號韋氏命苑

一